Dear James - new book

FONTAINEBLEAU
ESCALADES
ET RANDONNÉES

FONTAINEBLEAU
ESCALADES ET RANDONNÉES

Michel SCHULMAN, Marius COTE-COLISSON,
Jo MONTCHAUSSÉ, Georges TÉOULÉ
Jean-Claude BEAUREGARD, Oleg SOKOLSKY
Jacky GODOFFE, Jean-Claude DROYER, le CO.SI.ROC.

ARTHAUD

20, rue Monsieur-le-Prince, Paris

Amis randonneurs, amis varappeurs

Cette œuvre collective, réalisée par une poignée d'amis passionnés et amoureux de Bleau, vient combler un vide, en particulier pour la varappe.

Le souhait des auteurs est de susciter les critiques, remarques et suggestions des varappeurs et randonneurs, afin de pouvoir corriger les erreurs et omissions malheureusement inévitables dans ce genre d'ouvrage. Les auteurs vous remercient par avance de votre collaboration.

Remerciements

Les auteurs remercient toutes les personnes qui ont participé directement ou indirectement à ce guide :
Le Groupe de Bleau (G.D.B.), en particulier Mme Bonnard et M. Deudon, Mmes Gislaine Beaux, Corine Cuvilliers, Françoise Montchaussé, et MM. François Beaux, Bernard Canceill, Bruno Chrétien, Lucien Deschamps, Antoine Melchior, Pierre Nédélec, Gérard Neff, Michel Theate, Tony Vincent. Ce petit guide doit également beaucoup à Claude Chautemps, disparu aux Grands Montets en 1982.

© Les Éditions Arthaud, Paris, 1982. Tous droits réservés.
ISBN 2-7003-0418-7. Imprimé en France.

PRÉFACE

de Maurice MARTIN et Roland TRUFFAUT

Entre le grimpeur en chaussures à clous des années trente, et celui — certes fantaisiste — escaladant la D.J. au clair de lune avec un bougeoir dans la bouche, il y a tout un monde intermédiaire de varappeurs qui a subi une importante mutation.

Les grimpeurs, à l'image des autres hommes de la société, n'auraient-ils pas succombé à cette séduction de la technologie ? Ainsi, de la longue pratique de l'escalade Bloc à Bloc (l'amusant « Porte à Porte » du langage des initiés), on en est venu presque exclusivement à l'escalade des circuits.

Le présent guide en est le reflet : tout le terrain de jeu du massif est traité en parcours fléchés, décrits d'une manière fort stricte, mais laissant toutefois le terrain libre pour ceux qui préfèrent conserver leur liberté et bâtir leur itinéraire au gré du Bloc à Bloc.

La diversité des groupes de rochers décrits dans ce livre facilitera ces choix, et, en montrant les possibilités considérables offertes aux varappeurs, devrait contribuer à un étalement bénéfique dans l'espace, en limitant la surfréquentation de secteurs vedettes ou à la mode.

Mais ce *Fontainebleau* n'est pas seulement réservé aux grimpeurs. Les randonneurs aussi y trouveront leur compte. En effet, les deux disciplines, bien que fort éloignées dans leur esprit et dans leur pratique, se déroulent sur le même terrain.

Faut-il noter aussi que la supériorité numérique des randonneurs et les impératifs de l'édition, font que ce guide doit réunir le plus d'adeptes possibles, car, l'on ne peut vivre que d'amour et d'eau fraîche...

Donc, le randonneur — ou, pourquoi pas, le grimpeur — trouvera aussi sa moisson d'excursions très variées, et on lui suggère des parcours au travers de multiples crêtes et vallons secrets discrètement ouverts aux plus aventureux.

Que l'équipe, qui, à des titres bien divers, et dans des parts bien inégales, a réalisé ce *Fontainebleau, Escalades et Randonnées* ait la satisfaction d'avoir contribué à la connaissance de ce « Bleau » où tant d'hommes — et de femmes — ont trouvé leur Fontaine de Jouvence. Mais il faut, aujourd'hui pour demain, sauver ce trésor ; crions « alerte au suréquipement, halte aux nouveaux jalonnements sauvages » ; protégeons jalousement les secteurs encore vierges ; prêchons l'éthique de discrétion et de propreté prônée et concrétisée par le petit groupe qui a pris en charge, ces dernières années, la responsabilité d'orienter les initiatives.

Que les préfaciers souhaitent au grimpeur d'aujourd'hui et de demain, qu'il reste d'abord un « Bleausard ».

Qu'il échappe à l'envahissement de la technocratie, et, qu'en engrangeant son merveilleux savoir, il conserve ce goût de l'humour qui a conduit le grimpeur d'hier.

Et qu'il continue d'aller à Bleau pour que sa joie demeure.

Maurice MARTIN et Roland TRUFFAUT
de la cordée de rédaction du BLEAUSARD
Journal humoristique de Bleau et d'ailleurs (1945-1953)

Ce guide est une œuvre collective : les auteurs assument par conséquent la responsabilité de l'ensemble de l'ouvrage. Il y a cependant lieu de préciser que les circuits d'escalade sont principalement dûs à Oleg SOKOLSKY et Jean-Claude BEAUREGARD, les itinéraires de randonnées à Marius COTE-COLISSON, les cartes à Georges TÉOULÉ et les photos couleurs à Jo MONTCHAUSSÉ et Jacky GODOFFE et les photos noires à Édith Claire GÉRIN.

Introduction

Depuis des siècles, les hommes ont trouvé dans la forêt de Fontainebleau un lieu de production, de distraction, d'évasion, de contemplation, de réflexion et de récréation. Chacun y a sa place : amis de la forêt, bûcherons, carriers, cavaliers, chasseurs, chercheurs, forestiers, naturalistes, peintres, poètes, pétroliers, randonneurs et rochassiers.

Le massif de Fontainebleau, au sud-est de Paris, s'étend de Palaiseau au nord à Nemours au sud, de Moret-sur-Loing à l'est à Maincourt à l'ouest, sur plus de 30 000 hectares, situés à cheval, pour l'essentiel, sur les départements de Seine-et-Marne et de l'Essonne. Autour des magnifiques forêts domaniales de Fontainebleau et des Trois-Pignons (environ 23 000 hectares) gravitent ses satellites : bois domaniaux de Poligny et Nanteau, forêt communale de Nemours, Chaintreauville, Le Puiselet, bois de la Commanderie à Larchant, Recloses, vallées de l'École, de l'Essonne et de la Juine, ainsi que ses bordures forestières : Chamarande, Villeneuve-sur-Auvers, Malesherbes, Boutigny-sur-Essonne, d'Huison-Longueville, Videlles, Beauvais, Mondeville, Nainville-les-Roches ; puis, au nord à la dérive, le parc de La Troche ; enfin, à l'ouest, Maincourt. Ces lieux présentent la même originalité, une symbiose de sable blanc, de rochers de grès mis à nu et d'arbres aux essences variées.

La forêt domaniale de Fontainebleau et celle des Trois-Pignons, ainsi que certaines forêts communales et privées, sont gérées depuis 1966 par l'Office National des Forêts (O.N.F.) sous la tutelle du ministère de l'Agriculture. Le rôle de l'O.N.F. concerne à la fois l'entretien et la protection des espaces boisés, et l'accueil du public dans le cadre des activités de pleine nature et dans le respect du milieu. La protection de la forêt doit retenir l'attention de tous les utilisateurs de l'espace forestier.

Il est recommandé :

— de ne pas laisser des objets de valeur dans son véhicule ou dans son sac à dos au pied des rochers en raison des vols de plus en plus nombreux ;

— de respecter les aménagements mis à la disposition des usagers : panneaux d'information ou de signalisation, corbeilles, bancs, tables de pique-nique, pompes, etc. ;

— de ne pas effacer ou de modifier les balisages existants ;

— de ne pas pénétrer hors des sentiers balisés, de ne pas s'écarter des allées forestières ;

— d'utiliser les nombreuses aires de stationnement mises à la disposition du public et de garer correctement son véhicule ;

— de rapporter avec soi les reliefs du pique-nique ou de les déposer dans les corbeilles à cet usage mais surtout de ne pas les enterrer à cause des animaux ;

— d'éviter de fumer en forêt en raison des risques graves d'incendie.

L'inobservation de ces recommandations pleines de bon sens est sanctionnée par de fortes amendes. Les agents techniques forestiers sont assermentés et chargés de faire appliquer le code forestier.

Il est strictement interdit :

— de faire du feu (bois, barbecue, réchaud, etc.) ailleurs que sur les terrains de camping reconnus ;

— de couper arbres, arbustes, ou de les mutiler, de piétiner les jeunes plants, de pénétrer dans les parcelles en régénération ;

— de construire ou d'aménager des abris en branchages et à plus forte raison en dur, de transformer les auvents des grottes en bivouac ;

— de prélever champignons, mousses, fruits sauvages, terre, feuilles mortes ainsi que les plantes du sous-bois telles que le houx, la bruyère, les genêts, etc. ;

— de ramasser du bois mort sans un permis (qui peut être obtenu auprès des agents forestiers) ;

— de créer des sentiers, des pistes, des circuits ; de poser des balises de toutes sortes sans l'accord de l'O.N.F. ;

— de laisser chiens et animaux divaguer et courir après le gibier (rage) ;

— d'utiliser des instruments sonores (magnétophones, transistors, etc.) ;

— de pénétrer dans les réserves biologiques signalées par des panneaux, afin de respecter l'évolution naturelle de la faune, de la flore et d'éviter le risque de blessures causées par la chute des branches mortes, aucune coupe d'arbre n'étant effectuée dans ces parcelles ;

— de laisser sur place les reliefs de pique-nique ;

— de stationner devant les barrières (incendie ou secours) ;

— de pénétrer avec un véhicule ou un engin à moteur à l'intérieur des peuplements forestiers ou sur les chemins fermés par des barrières ;

— de camper ou de bivouaquer à l'intérieur de la forêt.

9

Le CO.SI.ROC. [1]

Né en 1962, de la volonté d'amoureux de la nature soucieux de sa protection, il avait pour but essentiel de coordonner les actions de certaines grandes associations. Il parvint à la reconnaissance d'utilité publique du massif des Trois-Pignons, et put en outre s'opposer aux constructions sauvages, ainsi qu'à la privatisation de Malesherbes. Pour mémoire, le Comité de défense des sites et des rochers d'escalade a été constitué en association à but non lucratif en 1967 sous le sigle de CO.SI.ROC. A cette date, une commission spéciale vit le jour pour s'occuper en permanence des problèmes posés par la création, l'évolution et l'entretien des circuits d'escalade à Fontainebleau.

Le CO.SI.ROC. rassemble actuellement huit associations (C.A.F., T.C.F., G.U.M.S., A.A.F.F., F.S.G.T., F.F.R.P., G.M.M., C.I.H.M.) qui s'intéressent aux atteintes portées aux sites naturels et aux espaces verts. Depuis sa création, le CO.SI.ROC. a souvent mené avec succès ou épaulé vigoureusement des actions qui ont abouti à la naissance de réserves naturelles, au classement à l'inventaire des sites, au rattachement aux forêts domaniales.

Parmi ces opérations, on peut citer :
— le classement aux sites du parc et du château de Chamarande et son acquisition par le département de l'Essonne ;
— la création de la base de plein air et de loisirs de Buthiers-Malesherbes permettant d'éviter la privatisation ;
— le rattachement du massif des Trois-Pignons à la forêt domaniale et la création d'une zone de silence interdite aux véhicules à moteur ;
— la remise en état de la carrière de La Troche et sa transformation en école d'escalade après son acquisition par les communes d'Orsay et de Palaiseau ;
— le classement des bois et des rochers du Parc (Yonne) ;
— l'acquisition de certaines parcelles de La Roque (Seine-Maritime).

10

Le CO.SI.ROC. est un interlocuteur reconnu par l'administration de l'Office National des Forêts (O.N.F.) et agréé auprès des corps constitués.

La formule des circuits d'escalade est devenue très vite populaire. En 1947, on dénombrait 1 circuit ; en 1960, 38 ; en 1970, 100 ; en 1975, 160 ; en 1980, 180.

Devant cette croissance, une commission des circuits d'escalade a été constituée en 1967 au sein du CO.SI.ROC.

La Commission recommande instamment :

— de n'entreprendre ni balisage ni travaux de quelque nature que ce soit (sentier, circuit, piste...) sans lui en faire part ;

— de respecter les équipements mis à la disposition du public, des grimpeurs et des randonneurs ;

— de ne pas tailler de prises ni de les casser ; de ne pas utiliser de pitons, ce qui entraîne une dégradation du rocher ;

— de lui faire part de vos constatations, remarques, critiques et de venir participer à ses travaux, en particulier à l'entretien des circuits.

Depuis 1981, une commission « Écoles d'Escalade » a été constituée pour traiter les questions posées par l'éthique, la sécurité de l'escalade et l'entretien des falaises. Cela aura pour conséquence d'élargir considérablement le champ d'action du CO.SI.ROC.

(1) CO.SI.ROC., 7, rue La Boétie, 75008 PARIS.

A.A.F.F. — Association des Amis de la Forêt de Fontainebleau
C.A.F. — Club Alpin Français
C.I.H.M. — Chalets Internationaux de Haute Montagne
F.F.R.P. — Fédération française de la randonnée pédestre
F.S.G.T. — Fédération sportive et gymnique du travail
G.M.M. — Groupe Melunais de Montagne
G.U.M.S. — Groupe universitaire de Montagne et de Ski
T.C.F. — Touring-Club de France

L'ESCALADE A FONTAINEBLEAU

▲
« L'ancienne » Prestat. Bas-Cuvier.

SON HISTOIRE

De nombreuses générations de varappeurs ont transmis de bouche à oreille l'histoire de l'escalade à Fontainebleau sans laisser beaucoup de témoignages écrits. On fait remonter à la période paléolithique la varappe dans ces lieux, et ce n'est pas absurde. Ne faut-il pas en effet des talents de grimpeur pour visiter les vestiges de cette époque ?

La forme de l'escalade à Fontainebleau est liée à l'histoire de l'alpinisme. En 1874, c'est la naissance du Club Alpin et, à cette occasion, les délégations étrangères sont conviées à venir découvrir les charmes de la forêt de Fontainebleau. Adolphe Joanne leur fait visiter les sites remarquables des gorges de Franchard, d'Apremont, les hauteurs de la Solle, le Bas-Bréau, etc. Certains visiteurs furent déçus par la hauteur des rochers, mais cela ne les empêcha pas d'admirer la singularité de ces blocs, le parfum des grands arbres, les futaies sauvages ainsi que les ombres et le silence de ces lieux. Un banquet clôtura cette rencontre en présence du président de l'Alpine Club (Grande-Bretagne), du Club Alpin Suisse et du Club Alpin Italien.

Dans son traité sur l'alpinisme paru en 1913, Georges Casella présente ainsi l'escalade à Fontainebleau : « L'escalade de rochers est la partie la plus facile d'une ascension... Elle est, pour les jeunes gens, un jeu, un exercice agréable où l'on peut dépenser autant d'adresse que de force, un plaisir varié, rapide, une manière de prouesse où il faut de la maestria, du brio, de l'aisance et de la grâce. Le promeneur rencontre des rochers : ceux des chaos de Fontainebleau, ... les faces des rochers de Fontainebleau (raides, fissurées, en gradins, surplombantes ou torturées) ne présentent-elles pas un raccourci, une réduction des difficultés de l'escalade ? Quand on en aura étudié, mesuré, apprécié, différencié, surmonté les différents passages, on pourra se risquer à l'attaque de quelques belvédères plus nobles. » Quelle prémonition !

Le groupe des rochassiers composé notamment de Casella, Prestat, Wehrlin et bien d'autres attira une fougueuse jeunesse dont les noms de Maurice Damesme, Jean Maunoury et les frères de Lépiney

14

sonnent encore à nos oreilles. Ce groupe, actif et turbulent, fut à l'origine de l'alpinisme sans guide et se constitua, au sein du C.A.F., en libre association appelée Groupe de Haute Montagne : le G.H.M. était né.

En 1924, une phalange du G.H.M., le Groupe de Bleau (G.D.B.), est constituée à son tour à l'initiative de Bobi Arsandeaux, Robert et Pierre Mock. Pour faire partie de ce groupe, une des nombreuses conditions était d'avoir dix bivouacs à son actif en forêt de Fontainebleau. Le manque d'assiduité était par ailleurs sanctionné par un renvoi pur et simple.

Certains membres du groupe ont façonné l'histoire de l'alpinisme contemporain. Pierre Allain, Bobi Arsandeaux, Jacques Boell, Jean Deudon, Marcel Ichac, Raymond Gaché, Guy Labour, Jean, Raymond et Nicole Leininger, Hugues Paillon, Eddy Stofer, Henri Brenot inventa le jumar, Pierre Allain le chausson d'escalade, Marcel Ichac consacra le film de montagne et Pierre Madeuf découvrit l'entraînement gymnique grâce à la première structure artificielle d'escalade.

Des groupes pleins d'humour, aux noms fantaisistes, « Les épidermes endurcis », « Les cénobites tranquilles », « Les phalanges alpines de Fontainebleau » de Daniel Souverain, se rencontrent au milieu des rochers.

Le Cuvier a son académie, le C.A.C. (Cuvier Academic Club), dont le chef de file est Pierre Allain. Les massifs à la mode sont le Cuvier, Malesherbes, Larchant, Chamarande, le Vaudoué (rochers qui sont, de nos jours, propriété privée). Les Bleausards découvrent d'autres hauts lieux d'escalade comme Étretat, le Saussois, Mortain et Chamonix. Mais Frison-Roche écrit, à propos de l'entraînement à Fontainebleau : « Personne ne voudra, je pense, contester la grande utilité pour les rochassiers d'avoir, à portée, un lieu où il leur soit possible de grimper toute l'année. Cela est si vrai que les rochers de Fontainebleau constituent la véritable école d'escalade des Parisiens. Et nous savons tous quelle belle génération de grimpeurs s'est formée au contact des grès lisses et difficiles de la grande forêt. »

L'expédition au Karakoram de 1936, dirigée par Henry de Ségogne, est composée de plusieurs Bleausards, dont Pierre Allain et Jean Deudon.

La guerre survient. Malgré le couvre-feu, une poignée d'irréductibles continue de fréquenter les rochers, bravant les représailles et le S.T.O. Charles Authenac sculpte de nombreuses voies au Cuvier, dont la Nationale, la fissure Authenac... A prohiber aujourd'hui !

Après la guerre, la varappe devient très populaire. Le ton de cette époque se reflète dans les pages du journal de bord, persifleur et déchaîné, Le Bleausard, dont la cordée de rédaction est magistralement composée de Fred Bernick, René Ferlet, J.A. Martin, Maurice Martin et Roland Truffaut sous l'égide de Tony Vincent. Quelques rubriques savoureuses y fleurissent : « A travers le hu... Bleau », « Informations de Bleau et d'ailleurs », « Ici Bleau... Les Bleausards parlent aux Bleausards », « Chronique du bivouac à Bleau et à Bloc », et des dessins croqués par Thomas.

Sous l'impulsion de Maurice Martin, de nombreux topos-guides de massifs, aujourd'hui épuisés, voient le jour : Bas-Cuvier, Rempart-Merveille, Dame Jouanne, Maunoury, Puiselet, Malesherbes... C'est la naissance du premier circuit, le 15 juin 1947, sous la signature de Fred Bernick.

Des bivouacs sont aménagés et les premiers conflits font couler beaucoup d'encre entre les rédacteurs du journal *Le Bleausard* et *Le Républicain* sous la plume d'André Billy. Ce sont des rencontres mais aussi des défis entre les « forçats » du Cuvier (les rochers les plus durs) et les amis de la Dame Jouanne (les rochers les plus hauts). D'autres noms font surface : Guy Poulet, Jean Poincenot, Robert Dagory, Guido Magnone ; de nouveaux talents se retrouvent pour grimper en fin de semaine. Les scouts de montagne sont dignement représentés par Paul Jouy. Il ouvre, au Cuvier, la fameuse Stalingrad et le Carré d'As (suivi par G. Neff, A. Bruhat et R. Salson). Le camion du C.O.B. (Club Olympique de Billancourt) est resté célèbre. En particulier, O. Ulrich, les frères Lesueur et P. Canone y prennent place avec les copains aux surnoms évocateurs : les Petits Pieux, Choucate et Micro. Fontainebleau est le point de rencontre de nombreuses et fameuses cordées, des bouillonnants Paragot et Bérardini, des Desmaison et Couzy, qui mûrissent leurs projets à venir. C'est la classe himalayenne cette fois qui se « croise » sur la place du Cuvier.

La pratique de l'escalade se développe, s'ouvre à de nouvelles organisations : le Groupe Universitaire de Montagne et de Ski (G.U.M.S.), la Fédération Sportive et Gymnique du Travail (F.S.G.T.), les Chalets Internationaux de Haute Montagne (C.I.H.M.). Ils se retrouvent au sein de la Fédération Française de la Montagne (F.F.M.) et au CO.SI.ROC. Les formes prises par la varappe évoluent. Les passages deviennent acrobatiques, gymniques, athlétiques, dynamiques, morphologiques. C'est la réalisation des circuits de haute difficulté : de Franchard (P. Cordier), des Gros-Sablons (J. Olivet), d'Apremont (L. Guilloux et Jo Montchaussé), de Malesherbes (A. Michaud), du Puiselet (E. Bouchet, B. Karaboghossian, M. Letardouilly). Écrit par plusieurs générations de grimpeurs, le circuit Blanc du Bas-Cuvier reste le répertoire du savoir bleausard.

Pour conclure...

Les Bleausards ont marqué l'histoire de l'alpinisme. Le rayonnement de cette école d'escalade a eu rapidement une réputation internationale. Le cadre restreint des débuts de l'escalade à Fontainebleau a éclaté pour devenir aujourd'hui une académie du toucher, du geste et du regard à part entière.

16

1. Dans une des traversées du Bas-Cuvier. **2.** L'art du jeté: "l'aérodynamite" - *Bas-Cuvier.* **3.** Retraite dynamique dans le "carré d'as" - *Bas-Cuvier.* **4.** Sur le rempart du Puiselet.

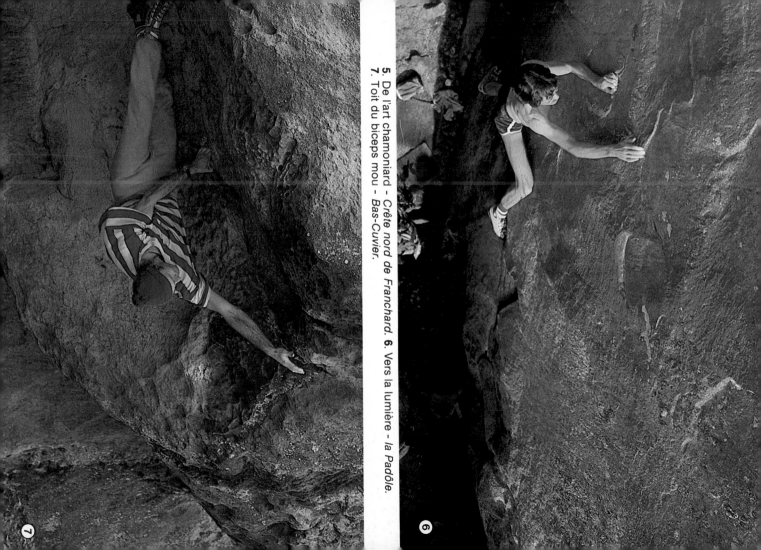

5. De l'art chamoniard - *Crête nord de Franchard.* **6.** Vers la lumière - *la Paddle.* **7.** Toit du biceps mou - *Bas-Cuvier.*

⑦ ⑥

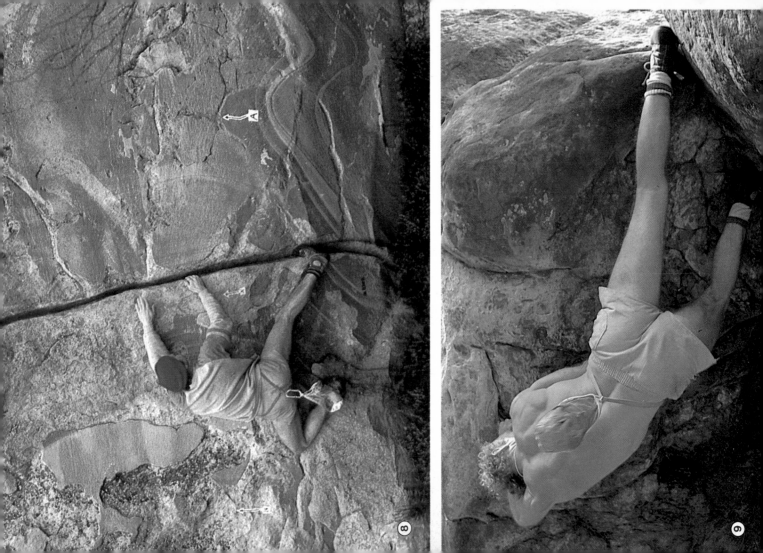

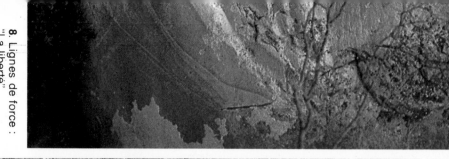

8. Lignes de force :
"La liberté"
aux Gros Sablons.
Trois Pignons.

9. Jeux de pieds :
"13e travail d'Hercule"
Apremont.

Pour quelques mètres
de vertige :
10. au 95.2
11. au J.A. Martin
Trois Pignons.

LA VARAPPE A BLEAU

La varappe, à Bleau, est une activité de plein air et de pleine nature, elle est ouverte vers l'espace forestier, qui demande respect et silence ; elle n'est pas réglementée, c'est une tradition de fraternité, de solidarité et parfois une profonde amitié entre les participants aux jeux : les Bleausards.

Regardez, quelle que soit la saison, des personnages fort sérieux se livrer au pied des rochers à des rites compliqués :

— s'essuyer minutieusement les chaussures à semelles lisses sur un petit tapis ;

— épousseter précieusement des prises minuscules (des grattons) avec un chiffon ;

— tamponner les doigts et les semelles avec un petit sac de résine pilée ou colophane (le « popof » ou « pof », ce miraculeux allié du grimpeur qui améliore l'adhérence sur le rocher) ;

— enfin, gravir le rocher après de subtiles contorsions, des gestes étranges, des mouvements complexes, par son côté le plus escarpé.

LES ZONES D'ESCALADE

Les zones d'escalade sont identifiées sur la carte I.G.N./O.N.F. n° 401) par un double triangle rouge. Elles sont composées en général de plusieurs circuits aux difficultés variées afin de satisfaire les grimpeurs de tous niveaux.

LES CIRCUITS « ENFANTS »

Des zones d'escalade et des circuits pour les enfants, qui seront éventuellement balisés en blanc, sont ouvertes à titre expérimental aux quatre coins du massif. Cette pratique par les enfants est intéressante, mais non sans danger. Elle ne dispense pas d'une surveillance et peut nécessiter la présence d'un encadrement.

17

LA COULEUR DES CIRCUITS ET LEURS DIFFICULTÉS

Les circuits ont toujours été classés par difficulté mais, contrairement à la standardisation actuelle, les couleurs qu'on leur affectait pouvaient varier d'un massif à l'autre. De ce système, il reste encore quelques exemples. Certains circuits ont conservé leur couleur d'origine, notamment pour des raisons historiques comme le Rouge *AD* – et le Jaune *D* – du Cuvier Rempart et le Mauve *AD*+ de la Dame Jouanne.

| Tableau des difficultés en fonction des couleurs |||
Couleur du circuit	Difficulté du circuit	Abrévia-tion	Cotation moyenne
Blanc	Pour les enfants	*E*	I
Jaune	Facile Peu difficile	*F* *PD*	II
Orange	Assez difficile	*AD*	III
Bleu	Difficile	*D*	IV
Rouge	Très difficile	*TD*	V
Noir	Extrêmement difficile	*ED*	VI

LES SIGNES CONVENTIONNELS

Sur le terrain, les circuits sont matérialisés par des symboles aussi discrets que possible.

Le circuit est identifié au départ par une plaque blanche sur laquelle ont été portées deux indications.

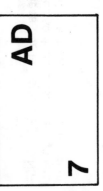

AD
les lettres représentent la difficulté moyenne du circuit

7
le chiffre indique le numéro du circuit dans le massif

Le circuit est fléché en général du début à la fin. On trouvera ci-contre tous les signes conventionnels existants.

LES COTATIONS

L'échelle numérique de Welzenbach de I à VI, ouverte vers le haut VII à VIII... en 1978 (*cf. Topo du Cuvier*), est utilisée, à Fontainebleau comme ailleurs, pour évaluer la difficulté de la voie ou du passage.

Des graduations intermédiaires ont été imaginées pour nuancer les cotations. Chaque graduation de I à VII peut être suivie du signe + ou −. Les cotations s'appliquent à un rocher sec, propre et convenablement essuyé. Par temps de pluie ou humide, les cotations proposées perdent leur signification.

Remarque : les cotations des rochers de Fontainebleau, sans être uniques au massif, sont par définition celles des blocs. Toute tentative d'assimiler ces cotations à l'escalade en falaise ou en montagne est vouée à l'erreur.

L'ÉQUIPEMENT

L'équipement du grimpeur à Fontainebleau se réduit principalement à une paire de chaussures d'escalade, à un petit tapis ou à un morceau de moquette, à de la résine ou colophane pilée contenue dans un

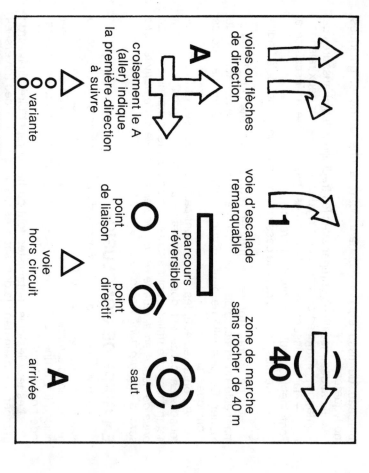

voies ou flèches de direction

croisement le A (aller) indique la première direction à suivre

variante

voie d'escalade remarquable

parcours réversible

point de liaison

point directif

voie hors circuit

zone de marche sans rocher de 40 m

saut

arrivée

morceau de tissu et, dans certains cas, à une corde et quelques mousquetons.

Il est déconseillé de grimper avec les traditionnelles chaussures de montagne à semelles plus ou moins rigides, et cela pour deux raisons :
— la chaussure de montagne n'est pas adaptée à l'escalade à Fontainebleau qui privilégie l'adhérence ;
— de plus, trop rigide, elle casse les prises d'un rocher déjà fragile (grès).

On ne saurait trop recommander la prudence dans l'emploi de la magnésie ou craie. Utilisée en trop grande quantité, elle encrasse le rocher. De plus, elle ne peut en aucun cas suppléer à un manque de technique.

A Fontainebleau, les chutes sont parfois mauvaises et très dangereuses. La corde est donc nécessaire à certains endroits ; elle doit notamment être utilisée pour assurer les grimpeurs inexpérimentés. *La prise de risque en escalade est un des éléments de cette activité ; elle sera, à tout moment, présente à l'esprit des grimpeurs.*

EN GUISE DE CONCLUSION

La pratique des circuits d'escalade ne représente qu'une partie seulement de l'activité (ou des jeux) des grimpeurs, car certains lui reprochent d'atrophier l'esprit d'initiative, la créativité : « Ça doit passer puisqu'il y a une flèche. » Aussi, certains grimpeurs pratiquent l'escalade hors circuit.

Les jeux les plus fantaisistes font partie du répertoire bleausard : grimper une main dans le dos, sans les mains, effectuer des traversées ou faire le tour d'un bloc jusqu'à l'épuisement, escalader au clair de lune ou réaliser l'arête de Larchant à la D.J. avec un bougeoir dans la bouche, varapper pieds nus, etc. ; bien entendu, la liste n'est pas limitative, les Bleausards ayant de tout temps fait preuve de beaucoup d'imagination.

LES CIRCUITS D'ESCALADE

Les numéros repères des massifs ont été obtenus en faisant un balayage de la carte ouest-est puis nord-sud (cf. page 22).

La couleur de certains circuits peut avoir été modifiée ; on les identifiera par leur numéro dans le massif qui se trouve sur la plaque de départ (cf. page 18).

Les lieux de stationnements sont indiqués sous toute réserve.

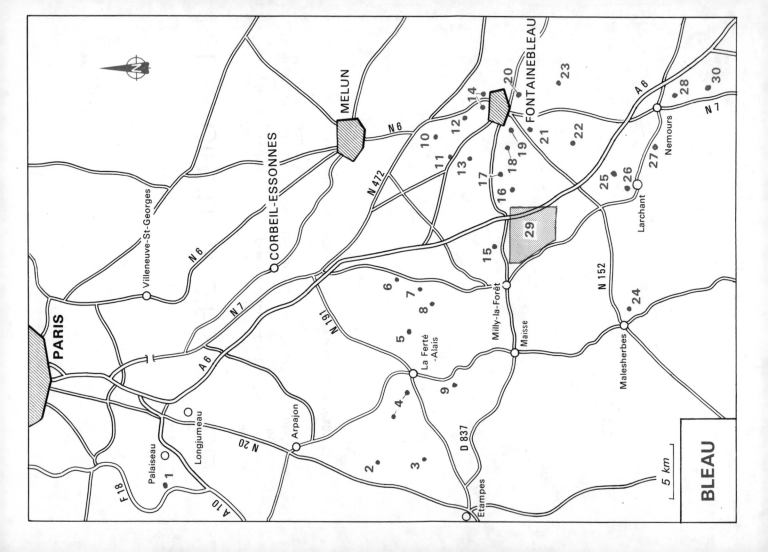

LISTE DES CIRCUITS D'ESCALADE
PAR ORDRE DE DIFFICULTÉ

Dans la liste le numéro repère du circuit (*cf.* page 18) est placé après sa couleur. un ● indique que le schéma du circuit est publié dans le guide.

CIRCUITS FACILES (F)

			Pages
Rocher de Milly	Jaune	2	98
Franchard Cuisinière (parcours montagne F+)	Orange	3	105
Malesherbes (Canard) (F+ / PD −)	Jaune	2	131

CIRCUITS PEU DIFFICILES (PD)
PD −

● Villeneuve-sur-Auvers	Jaune	2	35
Mondeville	Jaune	3	38
Rocher Canon	Jaune/Orange	3	56
Mont Ussy (ouest)	Jaune	2	97
Franchard (Isatis)	Jaune	4	104
Franchard (Hautes-Plaines) (ouest)	Jaune	2	103

23

Mont Aigu	Jaune	2	115
Gorges du Houx	Jaune	1	115
Eléphant	Jaune	6	138
Canche aux Merciers	Jaune	3	156
● Pignon Poteau	Jaune	1	173
Rochers des Potets	Jaune	1	167
J.-A.-Martin	Jaune	1	191

PD

Sanglier	Jaune	1	34
La Padôle	Jaune	3	47
Videlles Les-Roches	Blanc	1	49
Le Pendu	Jaune	2	52
Rocher Canon	Jaune	2	57
Envers d'Apremont	Jaune	3	75
● Désert d'Apremont (variantes *AD*)	Jaune	1	93
Désert d'Apremont	Jaune	2	76
Mont Ussy	Jaune	1	94
Rocher d'Avon	Jaune	1	118
Dame Jouanne	Jaune	2	136
Rocher Fin	Jaune	3	169
Roche aux Sabots	Jaune	2	189
71,1	Jaune	2	189
Diplodocus	Vert	5	190
● Diplodocus	Jaune	1	199

PD+

● Beauvais	Jaune	3	43
● Rocher Saint-Germain	Jaune	1	71
● Gorges d'Apremont	Jaune	9	79
● Franchard (Hautes-Plaines) (est)	Jaune	3	113
● Chateauveau	Jaune	1	171
● Rocher de la Reine	Jaune	1	161
95,2	Jaune	4	165
● Cul de Chien	Jaune	3	183
● 96,2 (super parcours montagne - BC)	Vert	1	191

CIRCUITS ASSEZ DIFFICILES (AD)

AD −

● Chamarande	Orange	2	33
Mondeville	Vert	2	38
Beauvais (safran)	Orange	5	43
● Bas Cuvier	Orange	3	63

24

Site	Couleur		
Cuvier (Rempart)	Rouge	1	61
Gorges d'Apremont	Vermillon	8	74
Désert d'Apremont	Orange	4	77
Rocher d'Avon	Orange	3	121
Rocher des Demoiselles	Orange	1	123
Recloses	Orange	1	124
Malesherbes (sud)	Vert	1	132
Maunoury	Vert	1	138
91,1	Vert	4	168
Rocher Guichot	Jaune	2	193

AD

Site	Couleur		
Chamarande	Vert	4	31
Sanglier	Orange	2	34
La Padôle	Orange	4	47
Gorges d'Apremont	Vert	2	74
Gorges d'Apremont	Vert	3	74
Envers d'Apremont	Orange	4	89
Désert d'Apremont	Orange	3	76
Désert d'Apremont	Orange	5	77
Calvaire	Orange	1	94
Franchard Cuisinière	Orange	1	104
Mont Aigu	Orange	1	117
Rocher d'Avon	Bleu	4	118
Restant du Long Rocher (nord)	Orange	1	127
Restant du Long Rocher (sud)	Vert	2	125
Maunoury	Bleu/Vert	3	138
Eléphant	Orange	1	138
Puiselet	Orange	1	149
Rochers de Nemours	Orange	1	153
Canche aux Merciers	Vert	2	156
93,7 (Bois Rond)	Orange	3	156
Gros Sablons (nord-ouest)	Orange	2	166
Rochers des Potets	Orange	2	166
Cul de Chien	Vert	2	167
Vallée de la Mée (super parcours montagne - CD)	Vert	2	201
J.-A.-Martin	Vert	2	191
J.-A.-Martin (super parcours montagne - AB)	Vert	3	191

AD+

Site	Couleur		
Villeneuve-sur-Auvers	Vert	1	37
Rocher Mignot	Orange	1	41

● Beauvais	Orange	6	45
La Padôle	Orange	2	47
Videlles/Les-Roches	Orange	2	49
Rocher Canon	Vert	1	57
Bas Cuvier (AD + / D −)	Orange	1	61
Rocher Saint-Germain	Vert	2	68
● Gorges d'Apremont	Orange	1	81
Malesherbes (Canard)	Vert	3	132
● Dame Jouanne	Mauve	1	139
95,2 (ouest)	Orange	5	166
● Gros Sablons	Orange	1	178
● Jean des Vignes	Rouge	1	166
91,1	Orange	2	185
Diplodocus	Orange	2	190
Grande Montagne (super parcours montagne - DE)	Vert	1	190
J.-A.-Martin	Vert	4	191

CIRCUITS DIFFICILES (D)

D −

● Beauvais	Bleu	1	43
● Cuvier Rempart	Jaune	2	67
● Apremont Bizons	Bleu	2	91
● Franchard Isatis	Bleu	2	110
● Maunoury	Bleu	2	143
Cul de Chien	Bleu	1	168
● J.-A.-Martin	Bleu clair	5	203

D

La Troche	Orange	1	30
Chamarande	Rouge	1	31
Rocher Canon	Bleu	5	57
Gorges d'Apremont	Bleu	5	74
Apremont Bizons	Bleu	1	76
Franchard Sablons	Rouge	4	103
Eléphant	Bleu	3	138
Canche aux Merciers (télégraphe)	Bleu	4	156
● 95,2	Bleu	1	175
Rocher Fin	Bleu	1	169
● Roche aux Sabots	Bleu	1	195
● ● Diplodocus	Bleu	3	199
● Vallée de la Mée	Bleu	1	190

D+

Mondeville	Rouge	1	39
Le Pendu	Orange	1	55
Gorges d'Apremont	Bleu	13	75
Rocher de Milly	Bleu	1	101
Franchard Cuisinière (crête sud)	Rouge	2	107
Franchard Cuisinière	Rouge	4	104
Malesherbes Canard	Bleu	1	135
Malesherbes sud	Bleu	2	132
Puiselet	Noir	1	147
Canche aux Merciers	Bleu	1	159
Drei Zinnen	Rouge	1	156
Rocher de la Reine	Bleu	2	159
93,7 (Bois Rond)	Bleu	4	163
Gros Sablons	Bleu	4	166
71,1	Vert	1	197
J.-A.-Martin	Bleu	6	191

CIRCUITS TRÈS DIFFICILES (TD)

TD −

La Troche	Rouge	2	30
Sanglier	Bleu	3	34
Rocher Canon (D+ / TD −)	Bleu clair	4	59
Bas-Cuvier (ouest)	Bleu	4	61
Bas-Cuvier	Bleu	7	63
Gorges d'Apremont (Fraise écrasée)	Rouge	4	75
Gorges d'Apremont (Saumon)	Orange	6	83
Envers d'Apremont	Rouge	1	76
Mont Aigu (début D)	Bleu	3	116
Restant du Long Rocher (sud)	Rouge	3	129
Dame Jouanne	Rouge	3	138
95,2	Rouge	2	166
91,1	Rouge	1	169

TD

Beauvais (ouest)	Rouge	2	45
Beauvais (est)	Rouge	4	45
Beauvais (ouest)	Rouge	7	45
La Padôle	Bleu	1	51
Gorges d'Apremont	Rouge/Blanc	10	75
Franchard Isatis	Rouge	1	104
Franchard (crête sud)	Noir/Blanc	6	104
Eléphant	Vert	2	145

	Couleur		
Eléphant	Rouge	7	138
Cul de Chien	Rouge	4	168
Vallée de la Mée	Bleu clair	3	190

TD+

● Rocher Canon	Rouge	6	57
● Bas-Cuvier	Rouge	6	65
Gorges d'Apremont	Bleu clair	11	85
Franchard Isatis (Variantes ED)	Blanc	3	104
Franchard Sablons	Orange	1	103
● Malesherbes sud	Rose	4	132
95,2	Blanc	3	177
● Rocher Fin	Rouge	4	187
Roche aux Sabots	Rouge	3	189
J.-A.-Martin	Rouge	7	193
Rocher Guichot	Rouge	1	193

CIRCUITS EXTRÊMEMENT DIFFICILES (ED)

ED −

Bas-Cuvier	Noir	2	63
Cuvier Rempart	Noir	3	61
● Gorges d'Apremont	Rouge	12	87
● Franchard Cuisinière	Blanc	5	109
Malesherbes Canard	Noir	4	132
Eléphant	Noir/Blanc	5	139
● Gros Sablons	Noir/Blanc	3	181

ED

Gorges d'Apremont	Blanc	7	75
Malesherbes sud	Noir	3	132
Puiselet	Noir/Blanc	3	147

ED+

● Bas-Cuvier	Blanc	5	65

Certains blocs à blocs ont été publiés dans les revues d'association, en particulier dans Paris-Chamonix (section de Paris du C.A.F.) et dans le Bulletin du Red-Star, Club de Montreuil (R.S.C.M.)

MASSIFS NORD-OUEST DE FONTAINEBLEAU

LA TROCHE (1)

Ce massif est constitué d'une petite falaise de grès d'une centaine de mètres de long sur 5 à 6 m de haut, front d'une ancienne carrière. Il est considéré comme un espace de loisir par les deux communes d'Orsay et de Palaiseau, dont il fait partie. Cette falaise est essentiellement fréquentée par les riverains et les étudiants des diverses écoles et facultés voisines.

Le grès très lisse requiert une habitude particulière de l'adhérence ; l'existence de grattons et de fissures-cheminées facilite cependant la progression. Il y a très peu de voies faciles intéressantes. Certaines ont été équipées de spit-rock de 8 mm (vis non en place) pour l'entraînement à l'escalade artificielle et à la spéléologie.

L'ensemble, mal exposé aux vents dominants, ne sèche que très lentement après la pluie.

ACCÈS AU MASSIF

En voiture : de la voie rapide F 18, prendre la sortie Cité Universitaire, puis la direction de Corbeville (École Polytechnique). 1,2 km plus loin, se garer à l'entrée d'une route privée P1. L'emprunter sur 70 m pour rejoindre une piste cyclable à suivre à gauche (est) sur 150 m. On domine alors la carrière de La Troche, qui se trouve sur la droite.

En métro : RER ligne B direction Saint-Rémy-lès-Chevreuse. Descendre à la station Le Guichet, passer le pont sur la voie rapide F 18 situé au nord de la gare, continuer tout droit jusqu'au premier tournant à droite, obliquer légèrement sur la gauche pour prendre un escalier qui mène rue de Chateaufort. Suivre la rue à gauche sur 40 m jusqu'au passage Toussaint-Lacomme, où l'on prend l'escalier sur la droite. Continuer tout droit (120 m environ) jusqu'à une barrière qui domine La Troche.

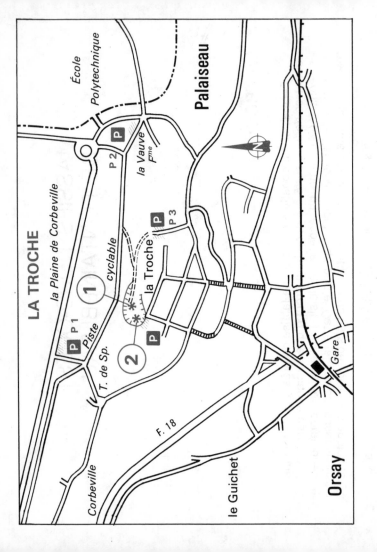

LES CIRCUITS

- **Orange** *D / D + n° 1* : 20 numéros. Auteurs : Ghislaine et François Beaux et Oleg Sokolsky.

  Varié, athlétique, technique et exposé.

  Départ : sur un petit bloc à l'est de la caractéristique Dalle Rouillée.

- **Rouge** *TD – / TD n° 2* : 10 numéros. Auteur : J.-M. Ponlet.

  Moins homogène que le n° 1.

  Départ : à l'extrême ouest de l'affleurement de grès.

CHAMARANDE (2)

Plusieurs générations de Bleausards ont fréquenté ce massif grâce à la facilité des moyens de transport. Il présente de nombreux rochers hauts, intéressants et peu lichéneux dans la partie parcourue par les principaux circuits. La ligne S.N.C.F. Paris-Orléans en dénature malheureusement le charme. L'escalade souvent en grattons permet de grimper même par temps humide.

ACCÈS AU MASSIF

En voiture : prendre la N 20 jusqu'à Étréchy, puis la direction de Chamarande (2 km). Traverser Chamarande en direction de Lardy (D 146) et, 400 m après la sortie de Chamarande, tourner à gauche vers

30

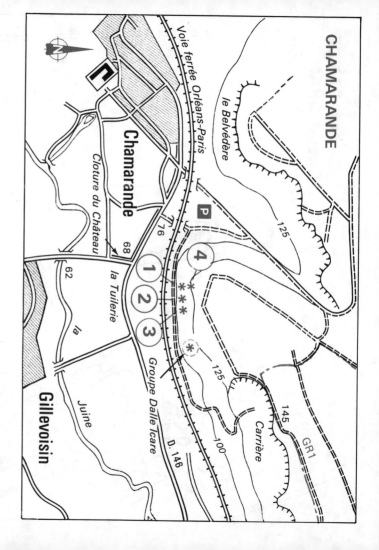

le deuxième pont sous la voie ferrée. Se garer immédiatement après ce pont (stationnement difficile).

A pied : de la gare de Chamarande, rejoindre la D 146, où l'on retrouve l'itinéraire précédent ou de la gare de Lardy, suivre le chemin en bordure nord de la voie ferrée jusqu'à la carrière (1 km).

LES CIRCUITS

• **Orange AD – n° 2** : *cf.* page 33.
• **Vert AD n° 4** : 25 numéros (1982) de style varié du II au V.
Départ : sur le rocher derrière la dalle de départ du circuit rouge n° 1.
• **Rouge D n° 1** : constitué de 25 numéros intéressants et variés, ce circuit, tracé initialement par le R.S.C.M., manque malheureusement de passages intermédiaires.

Départ : sur la dalle P.O. qui se trouve en bordure du chemin qui longe la voie ferrée (150 m à l'est du lieu de stationnement). On trouvera des traces de vieux circuits, un bleu *D —* et un rouge *AD +* (départ 40 m à l'est de l'orange *AD —*) qui avaient pour principal intérêt de visiter le groupe de la dalle Icare.

N.B. On peut trouver d'intéressantes escalades (balisées) dans la carrière de Chamarande à 400 m à l'est des circuits et au lieudit le Belvédère, au-dessus du village.

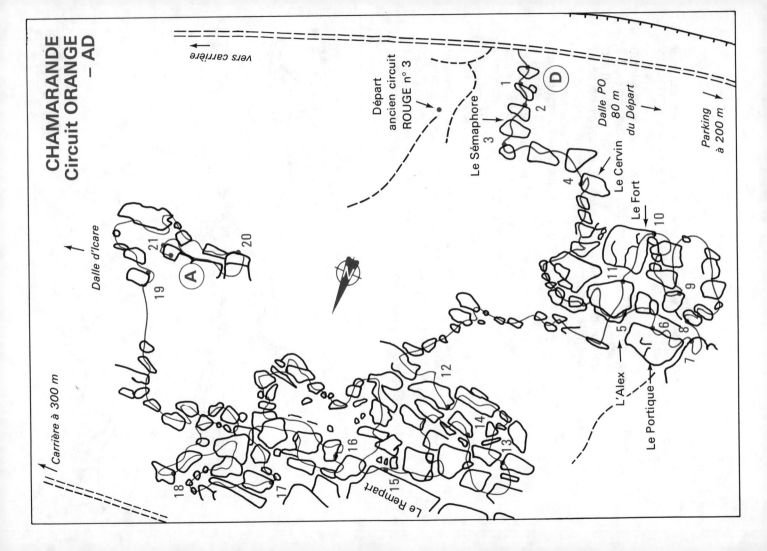

Chamarande

- **Circuit Orange AD – n° 2 :**

  Blanc puis jaune jusqu'à la dalle Icare, ce circuit exploitait consciencieusement le chaos de Chamarande. La dernière partie, très peu
  fréquentée, a été abandonnée lors du rebalisage en Vert puis en
  Orange.

  C'est un circuit homogène qui présente des passages variés et
  souvent hauts parmi lesquels se distinguent la grande dalle du Cervin, la
  face sud de l'Alex et le Rempart.

ACCÈS AU CIRCUIT

Départ en bordure du chemin qui longe la voie ferrée à 200 m à
l'est du lieu de stationnement.

COTATIONS

D	III –	
1	II =	La dalle du début
2	IV	Le sémaphore
3	II =	L'océan
4	III	Le Cervin
5	III +	L'Alex (face ouest)
6	III +	Le portique
7	III	Le surplomb des Siamois
8	II +	La sentinelle
9	II =	La dalle jaune
10	III	Le Fort
11	IV	L'Alex (face sud)
12	II =	La dalle en pente
13	II +	Le hic
14	III +	L'« A la douce »
15	III =	Le rempart
16	III	La dalle penchée
17	III +	La nouvelle
18	III =	La belle
19	III –	Le grand écart
20	III +	L'Anatole
21	II +	Les v'la

N.B. Vers l'arrivée on trouvera quelques flèches rouges de l'ancien circuit n° 3.

33

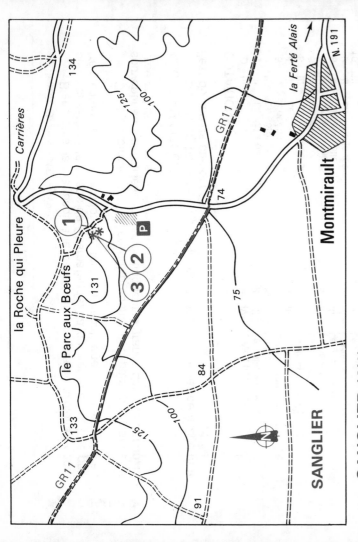

SANGLIER (4/1)

Chaos important et blocs épars situés sur le flanc sud (lieudit le Parc aux Bœufs) du plateau localisé au nord-ouest de La Ferté-Alais. Le massif du Sanglier offre des circuits dont l'escalade est toujours intéressante par sa variété et les techniques qu'elle requiert. Les chutes sont très souvent mauvaises.

Ce massif sèche lentement après la pluie.

ACCÈS AU MASSIF

En voiture : de La Ferté-Alais, emprunter la N 191 en direction d'Étampes. Prendre à droite à l'entrée de Montmirault, traverser le village et suivre une route goudronnée jusqu'au pied du flanc sud du plateau (1 km, bâtiments). Petit parking. Le chemin de terre sur la gauche conduit au départ des circuits (150 m environ) ; de là, 20 m à gauche.

A pied : l'itinéraire le plus simple reste encore le précédent.

LES CIRCUITS

- **Jaune** *PD* n° 1 : 38 numéros. Varié, technique et intéressant.
- **Orange** *AD* n° 2 : 28 numéros. Très technique, parfois exposé.
  Auteur : Union Sportive d'Ivry (F.S.G.T.).
- **Bleu** *TD* – n° 3 : 55 numéros. Il exploite toutes les belles voies du massif, il y a une végétation abondante à partir du numéro 26.

34

VILLENEUVE-SUR-AUVERS (3)

Le trait dominant de ce massif est d'exploiter le rempart sud d'une carrière, haut et exposé (8 m). C'est un endroit agréable avec une pinède très propice au pique-nique.

ACCÈS AU MASSIF

En voiture : prendre la N 20 jusqu'à la sortie d'Etréchy et ensuite la D 148 jusqu'à Villeneuve-sur-Auvers (est). A l'entrée de Villeneuve, suivre la route en direction d'Auvers-Saint-Georges (sur 1 km). Stationnement au croisement avec le GR 11.

A pied : d'Etréchy, suivre le GR 11 jusqu'au point précité.

LES CIRCUITS

- **Jaune** *PD* – n° 2 : 37 numéros. Souvent humide et lichéneux mais d'un intérêt technique certain.

  Du lieu de stationnement, rejoindre la carrière par un sentier très raide, vers le sud traverser la carrière vers l'ouest. Au niveau du départ du circuit Vert, suivre un sentier vers le sud-ouest sur 90 m. Le départ se trouve à 50 m au nord-ouest de ce point.

  Quelques repères jaunes en jalonnent l'accès.

- **Vert** *AD* + n° 1 : cf. page 37.

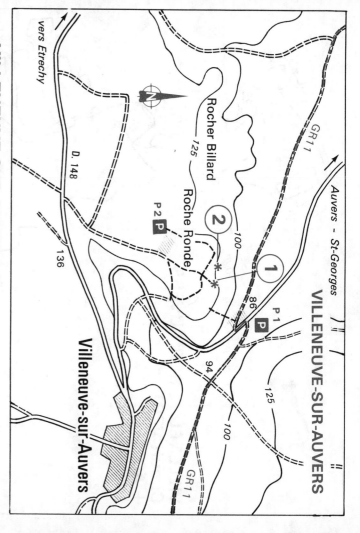

35

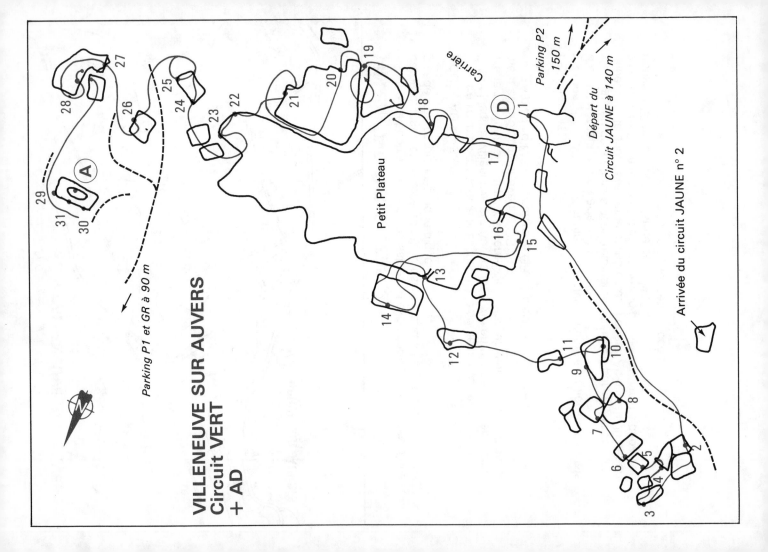

VILLENEUVE SUR AUVERS
Circuit VERT
+ AD

Petit Plateau

Carrière

Parking P1 et GR à 90 m

Parking P2 150 m

Départ du Circuit JAUNE à 140 m

Circuit JAUNE n° 2

Arrivée du circuit JAUNE n° 2

• **Circuit Vert AD + n° 1**

Ce circuit a été tracé par le R.S.C.M. Sa cotation AD + est plutôt une moyenne arithmétique des divers passages qui s'échelonnent du II au V +. Athlétique et varié, cet intéressant circuit constitue un excellent entraînement à la montagne. La corde peut être très utile pour l'assurage en particulier pour la voie d'arrivée dans la dalle en Y. La première partie de ce parcours jusqu'au n° 14 sèche très lentement ; la seconde, en face sud, devient vite praticable. Quelques voies d'escalade artificielle sont équipées dans la carrière. (Ne pas confondre balisage et barbouillage !).

ACCÈS AU CIRCUIT

Voir l'accès du Jaune n° 2.

Un autre accès est possible par le sud. Par temps humide, risques d'enlisement en voiture.

COTATIONS

1	III	La croix de Lorraine
2	II –	L'éperon surplombant
3	II –	La traversée
4	III	Le mur vertical
5	III	La traversée déversante
6	III	
7	V +	Le surplomb infranchissable
-	IV	La variante de droite
8	IV	Le dièdre ouvert
9	III	L'arête arrondie
10	III +	La dalle
11	II	Le petit mur
12	IV	La coquille Saint-Jacques
13	III	La fissure aux arêtes vives
14	IV	La longue traversée
15	III –	Le baquet
16	III	La fissure sans fond
17	III	L'arc brisé
18	IV	La fissure des bivouacs
19	IV	La grande fissure
20	IV	Le mur terreux
21	IV	
22	III	La traversée pendue par les mains
23	IV +	Le surplomb de l'arbuste
24	III	L'angle oublié
25	V +	L'envers de l'angle
26	V	Le triangle
27	V	La facette nord du bloc fendu
28	III	Le surplomb du bloc fendu
29	III +	L'arête de gauche - Dalle « Y »
30	IV	La voie de droite - Dalle « Y »
31	V –	La voie du milieu - Dalle « Y »

N.B. En raison de l'exposition générale des passages, prévoir une corde et quelques mousquetons (quelques pitons en place).

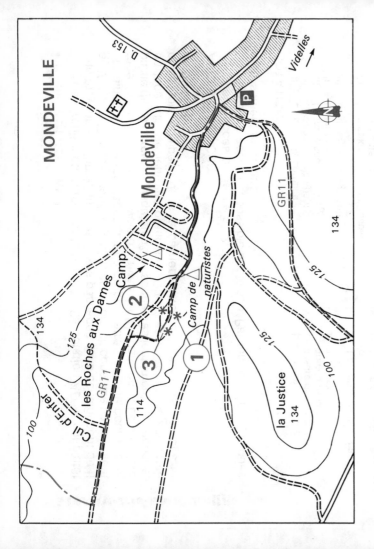

MONDEVILLE (5)

Massif ombragé et très peu fréquenté. Les blocs se situent sur une série de petits pignons à l'ouest de Mondeville. D'une manière générale, les rochers sont couverts de lichen et l'escalade exposée.

ACCÈS AU MASSIF

En voiture : autoroute A 6 jusqu'à Corbeil Sud ; prendre la direction de Milly-la-Forêt (D 948). A Auvernaux, prendre la direction de Chevannes (D 74). Dans Chevannes, emprunter à gauche la D 153 jusqu'à Mondeville. Parking sur la place en face de l'église. De là, suivre le GR 11 vers l'ouest sur 750 m jusqu'au niveau d'une propriété fermée caractéristique sur la gauche (naturistes).

A pied : de La Ferté-Alais, suivre le GR 11 jusqu'à Mondeville (9 km), ou par la N 191 et la D 87 puis un chemin de terre (4 km).

LES CIRCUITS

• **Jaune *PD* – n° 3** : non numéroté. Court et peu soutenu.

  Départ : 80 m après la propriété, le GR rejoint un promontoire évident sur lequel se trouve le départ du circuit Jaune.

• **Vert *AD* – n° 2** : non numéroté. Très effacé, il est situé en flanc nord, donc très glissant. Court et technique.

38

Départ : immédiatement à droite du GR après la propriété.

• **Rouge D+ n° 1** : 38 numéros. Tracé par le R.S.C.M., il est long, varié, technique, intéressant et assez athlétique sur la fin. Mérite le détour.
Départ : à gauche en contrebas du GR, immédiatement après la propriété.

N.B. On peut trouver quelques escalades et de petites randonnées sur l'avancée, du plateau de Malvoisine, à 1 km au sud-est de Ballancourt.

ROCHER MIGNOT (4/2)

Petit massif d'intérêt secondaire, peu étendu mais très calme, qui mérite une visite au passage. L'escalade y est variée, avec quelques fissures intéressantes sur le rempart au pied d'un pylône E.D.F. évident. On trouve de nombreux blocs très moussus sur le flanc nord du plateau de l'Ardenay, à l'est du Rocher Mignot.

ACCÈS AU MASSIF

En voiture : prendre la N 20 jusqu'à Arpajon, puis la D 449, en direction de La Ferté-Alais jusqu'à la sortie de Bouray-sur-Juine (9 km d'Arpajon). Tourner à droite en direction de Janville (D 99, 1 km) puis prendre à gauche (sud) la D 56 en direction Orgemont. Stationnement

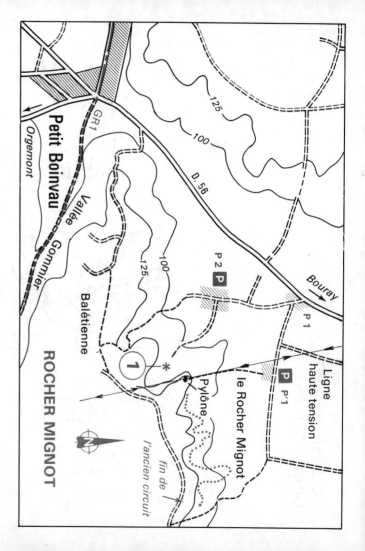

ROCHER MIGNOT
Circuit ORANGE
+ AD

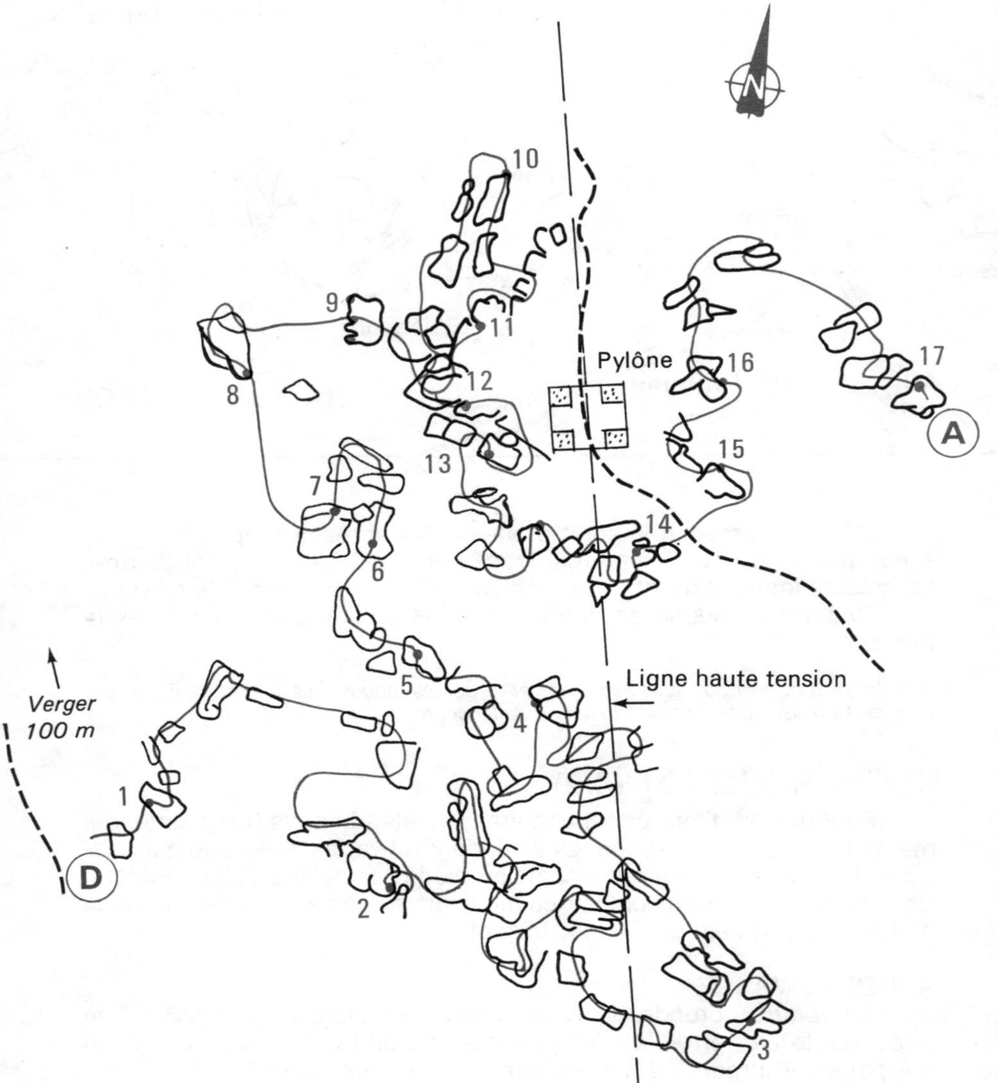

difficile à la hauteur d'un chemin de terre, 250 m après avoir croisé la ligne de haute tension.

Un autre stationnement est possible en suivant le chemin de terre jusqu'à un verger (prendre à droite à la première fourche).

A pied : de la gare de Lardy, rejoindre le GR 1, le suivre vers le sud-est jusqu'au Petit-Boinvau. Prendre à gauche (nord-est) la D 56, la suivre sur 1 km jusqu'au niveau du chemin de terre précité.

LE CIRCUIT

• **Circuit Orange** *AD+* n° 1 :

Ce circuit tracé vers 1976 par un inconnu exploitait complètement le Rocher Mignot et le flanc nord du plateau situé à l'est. L'abondance de la végétation a nécessité l'abandon de la deuxième moitié du circuit original du n° 21 au n° 41 — les n°s 29 et 40 n'étant pas tracés — que l'on peut encore trouver moyennant l'emploi d'une machette bien affûtée.

La partie restante se déroule dans le chaos rocheux situé au pied d'un pylône E.D.F. planté sur la bordure nord du plateau. C'est un circuit varié (dalles, fissures, surplombs), technique et assez court qui mérite-rait une fréquentation plus régulière. Quelques pitons en place peuvent servir à l'assurage à condition de vérifier leur solidité.

ACCÈS AU CIRCUIT

Si le sentier traversant le verger qui amène directement au départ du circuit est barré, suivre le chemin de terre initial jusqu'au plateau dont on longe la bordure vers la gauche (nord-est) jusqu'au pylône. Le départ se trouve au fond du petit vallon situé au sud-ouest du pylône.

COTATIONS

1	III		9 t	IV
2	III+		10	IV−
3	IV−		11	IV−
4	III+		12	IV
5	IV−		13	IV+
6	I		14	II+
7	III		15	III
8	III		16	III+
9	A1/IV 1 piton		17	III−
9 b	IV			

N.B. Coté en libre (sans tire-clou, sauf au n° 9).

Remarque :
Le circuit étant court, une randonnée sympathique par le GR 1 et le GR 11 permet de rejoindre le massif du Sanglier.

41

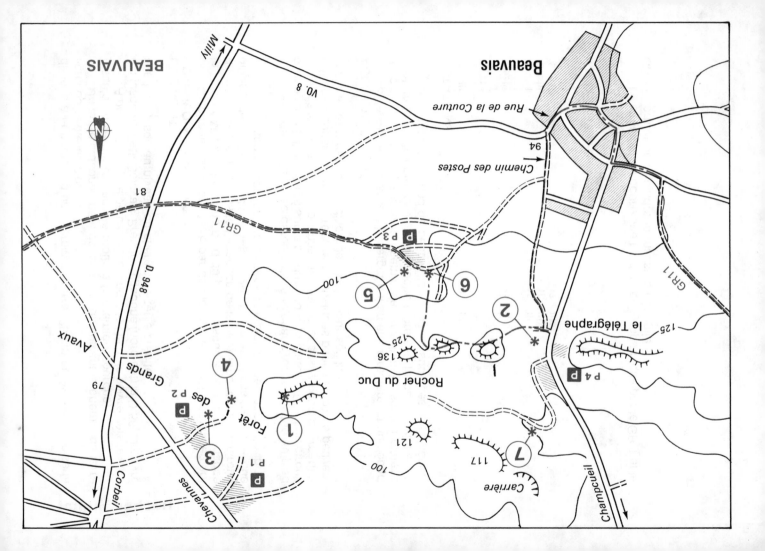

BEAUVAIS (6)

Ce massif (Rocher du Duc sur les cartes I.G.N.), géographiquement assez complexe, présente beaucoup de possibilités d'escalades en général peu exposées. L'ensemble, bien qu'il soit assez dégagé, est relativement étouffant par grosses chaleurs. D'exposition géographique variée, la plupart des circuits ne sèchent que lentement après la pluie.

ACCÈS AU MASSIF

En voiture : il y a trois accès conseillés : par le nord-est, le sud ou l'ouest. De l'autoroute A 6, sortir à Corbeil-Sud et suivre la D 948 sur 6,5 km jusqu'à un croisement avec la D 74 a (3 km après Auvernaux).

Par le nord-est : de l'intersection, suivre à droite la D 74a (direction Chevannes) sur 300 m, prendre un chemin de terre à gauche sur une cinquantaine de mètres jusqu'à une zone évidente de stationnement.

Par le sud : de l'intersection, continuer la D 948 sur 800 m, prendre à droite (ouest) le chemin vicinal VO 8 (rue de la Couture) sur 700 m jusqu'à l'entrée de Beauvais. Prendre à droite le chemin des Postes sur 100 m environ, appuyer à droite et suivre un chemin de terre sur 300 m (prendre à gauche à la deuxième fourche) jusqu'à une zone de stationnement équipée pour le pique-nique. Il est déconseillé de suivre un autre itinéraire pour rejoindre l'aire de stationnement afin d'éviter l'enlisement. Si le chemin de gauche (2ᵉ fourche) est barré, il vaut mieux faire demi-tour et rejoindre l'aire de stationnement ouest. De là, suivre le GR 11, qui conduit à l'aire de pique-nique précitée.

Par l'ouest : suivre l'itinéraire précédent jusqu'à Beauvais et prendre la route de Champcueil sur 400 m. Parking au sommet de la petite côte en face du grand bâtiment (la Chaumière).

À pied : de La Ferté-Alais, GR 11 (19 km) ou de Ballencourt, par la Ferme Malvoisine et le GR 11 (10 km).

LES CIRCUITS

- **Jaune** *PD +* n° **3** : non numéroté. Il exploite la partie nord-est du massif. Technique et intéressant, beaucoup de traversées.

Départ : de l'aire de stationnement nord-est, prendre plein sud sur 100 m jusqu'à un petit vallon où l'on trouve le départ du circuit.

- **Orange** *AD –* n° **5** : dit circuit Safran. 80 numéros. Auteur : Lucien Deschamps. Technique, varié, long et intéressant malgré quelques sections peu soutenues.

Départ : sur un petit bloc sur l'aire de stationnement sud.

- **Bleu** *D –* n° **1** : 69 numéros. Long et athlétique, il parcourt tout le massif.

Départ : de l'aire de stationnement nord-est, rejoindre le sommet

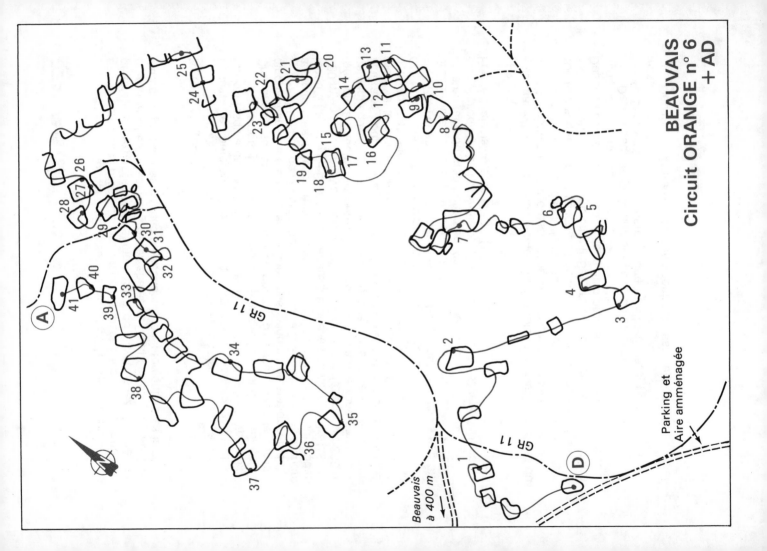

BEAUVAIS
Circuit ORANGE n° 6
+ AD

du pignon à 150 m au sud-ouest. Il se trouve sur le bloc le plus important du groupe.

• **Rouge TD n° 4** : 25 numéros. Technique et très intéressant, il demande une habitude de l'adhérence particulière au massif.

Départ : se trouve sur le replat situé à l'est du pignon sur lequel se situe le départ du circuit bleu *D* — n° 1, 125 m au sud de l'aire de stationnement nord-est.

• **Rouge TD n° 2** : 26 numéros. Peu soutenu, il parcourt la crête sud du massif.

Départ : à proximité du parking ouest, dans la petite sablière immédiatement au nord du tournant du GR 11.

• **Rouge TD n° 7** : 34 numéros. Auteur R.S.C.M. Inégal et un peu court.

Départ : du parking ouest, suivre un chemin de terre plein nord, puis est (évident). Le départ se situe au nord de ce chemin, à une centaine de mètres de ce parking.

• **Circuit Orange AD + n° 6 dit l'« Émeraude ».**

Ce circuit a été tracé en 1973 par Lucien Deschamps ; il utilise les blocs dominant la descente sud du GR 11. Il requiert une habitude des rochers de Beauvais ainsi que certaines techniques de l'escalade en montagne. Situé en flanc sud, il sèche relativement vite après la pluie. C'est un classique de moyenne difficulté.

ACCÈS AU CIRCUIT

Le départ se trouve sur un bloc situé immédiatement à gauche du point où le GR 11 quitte l'aire de stationnement en direction du nord-ouest.

COTATIONS

1	IV	Nicole	22	III+	Le ventre
2	III+	Le surplomb vert	23	IV	L'appui-main
3	III+	La déviation	24	III+	L'éjecteur
4	III+	La transversale	25	III	Le rase motte
5	III+	Le majeur	26	III	La lime
6	II+	La mineure	27	III	Le couple-ongle
7	III+	La dalle de feu	28	III	L'auvent
8	III+	L'écartelé	29	III+	La contre-pente
9	III—	La loggia	30	III	La canine
10	III	La descente du châtaignier	31	III	Le contact
11	III+	Le repose-pied	32	IV+	Le coup de démarreur
12	IV	La spirale	33	III+	Les deux temps
13	IV	La voie des Sioux	34	III	Le nid
14	IV—	Le domino	35	IV	La dalle des Vallorcins
15	III+	Les points verts	36	III+	Les ventouses
16	IV—	La « Nath »	37	IV—	La voie de la canche
17	III	L'Alie	38	IV	L'angle
18	III+	Le « Z »	39	III+	Le dolmen
19	III+	Le petit jeté	40	III—	Les Dolomites
20	IV—	Le pilier	41	III—	Le grand panorama
21	IV—	La nord-sud			

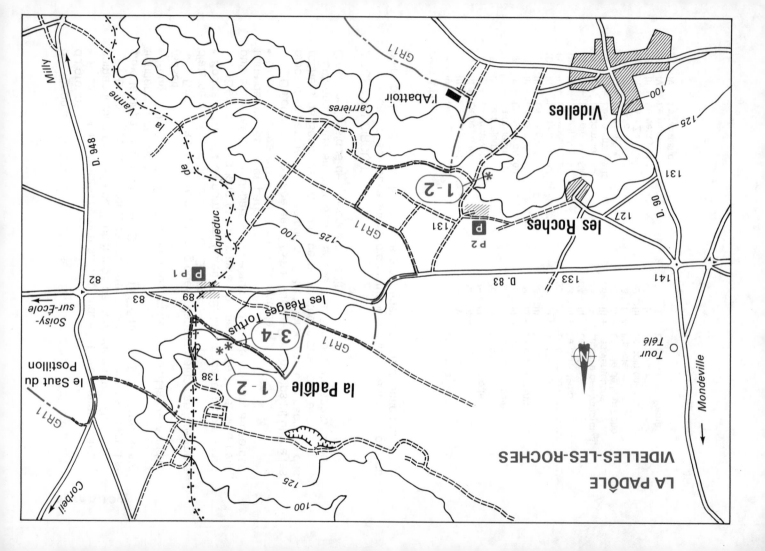

LA PADÔLE (7)
VIDELLES-LES ROCHES (8)

Il s'agit de deux zones d'escalade distantes de 1,5 km, La Padôle étant en majeure partie en sous-bois alors que le chaos des Roches est assez bien dégagé. Dans les deux cas et surtout à La Padôle, l'escalade est souvent haute et très exposée, l'assurage est donc souvent nécessaire. L'humidité et la terre grasse, particulièrement redoutables à La Padôle, rendent l'escalade très précaire par temps humide.

ACCÈS AUX MASSIFS

En voiture : de l'autoroute A 6, rejoindre le carrefour entre la D 948 (Corbeil-Milly) et la D 83 (La Ferté-Alais - Soisy) (9 km). Prendre à droite la D 83 en direction de La Ferté-Alais. Pour La Padôle, stationner au croisement de l'aqueduc et de la route (éviter le chemin de terre qui part à droite 300 m après le croisement. Risque d'enlisement).

Pour Les Roches, continuer la D 83 et, après le dernier virage de la côte, prendre le 2e chemin de terre sur la gauche à travers champs (sud ; 1,5 km de l'aqueduc). Point de repère utile : le GR 11 emprunte le 1er chemin. Suivre le chemin sur 300 m jusqu'au niveau d'un portail ; obliquer alors à 45° à droite (sud-ouest) pour prendre en sous-bois un chemin empierré qui conduit à une vieille carrière (80 m). Excellent stationnement.

A pied : pour les deux cas, de La Ferté-Alais, suivre le GR 11 qui passe à proximité des zones d'escalade. De Mondeville, couper droit vers La Padôle ou vers Les Roches (12 km).

LES CIRCUITS

La Padôle

● **Jaune** *PD* n° 3 : numéroté. Forme une grande boucle qui parcourt complètement le massif. Intéressant mais souvent moussu avec beaucoup d'escalade intérieure (fissures, cheminées) dans le chaos principal.

Départ : du stationnement sur l'aqueduc, suivre ce dernier vers le nord jusqu'à la limite des bois ; suivre alors un chemin de terre sur la gauche sur 250 m, le départ se trouve sur un bloc à droite.

● **Orange** *AD / AD+* n° 4 : 38 numéros + 9 *bis*. Varié, technique et peu exposé, intéressant malgré un lichen abondant et quelques prises fragiles.

Départ : 15 m à droite du départ du circuit jaune n° 3.

● **Orange** *AD+* n° 2 : 30 numéros + 4 *bis*. Très technique et intéressant, souvent exposé. Grimpeurs de petite taille, méfiance !

47

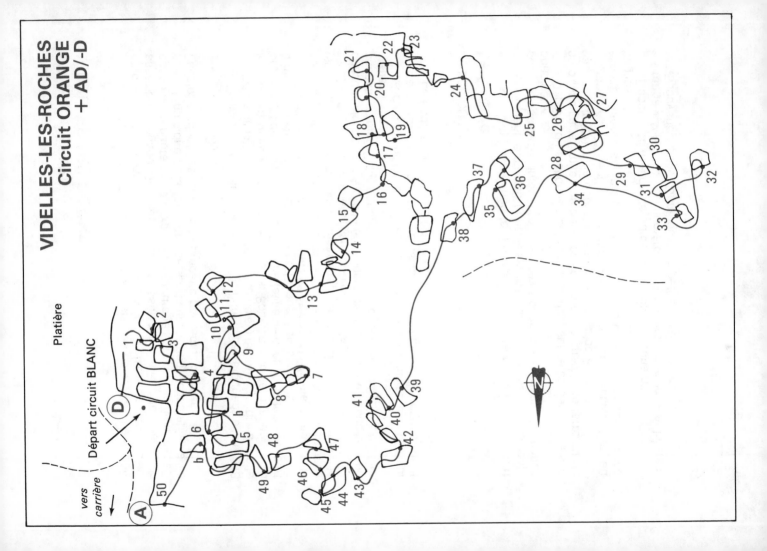

Départ : sur l'arête sud-ouest du magnifique rocher La Locomotive, 80 m au nord-nord-est du départ du Jaune n° 3.

- **Bleu** *TD* n° 1 : *cf.* page 51.

Les Roches

- **Blanc** *PD* n° 1 : non numéroté. Court mais intéressant, technique et parfois exposé.

Départ : de la carrière de stationnement, prendre le sentier *horizontal* qui part vers le sud-est immédiatement à l'entrée de la carrière. On atteint un autre front de taille (70 m), monter pour rejoindre la platière et suivre sa bordure vers la droite (sud) sur une centaine de mètres. Le départ se trouve en bordure et sur le banc de grès.

N.B. Dans le fond du chaos, on trouvera quelques flèches orange, résidus d'un circuit d'entraînement à la spéléologie.

- **Circuit Orange** *AD+ / D –* n° 2

Ce beau circuit a été tracé par le Club montagne de Sainte-Geneviève-des-Bois (F.S.G.T.).

Il est assez long, très technique, parfois athlétique et exposé. Les chutes sont souvent mauvaises car, en dehors du chaos où quelques trous retiendront l'attention du grimpeur, le sol est souvent constitué de résidus de carrière. Il est donc recommandé de prendre une corde pour l'assurage de certains passages ainsi qu'une brosse métallique pour parfaire le nettoyage de quelques prises recouvertes de lichen. L'ensemble du circuit sèche assez lentement après la pluie.

ACCÈS AU CIRCUIT

L'accès est le même que pour le circuit Blanc n° 1.

COTATIONS

1	III	14	IV	27	IV +	40	III
2	II –	15	IV	28	IV –	41	II –
3	II –	16	IV +	29	IV –	42	III –
4	III –	17	IV +	30	III +	43	II –
5	IV –	18	III +	31	IV	44	II +
6	IV –	19	IV –	32	IV +	45	III –
7	IV –	20	IV –	33	IV –	46	II –
8	IV –	21	III +	34	II –	47	III –
9	III	22	IV +	35	IV	48	III –
10	IV –	23	III +	36	II –	49	III –
11	IV –	24	III –	37	III +	49b	IV
12	III	25	IV –	38	IV –	50	III +
13	IV –	26	III –	39	III –		

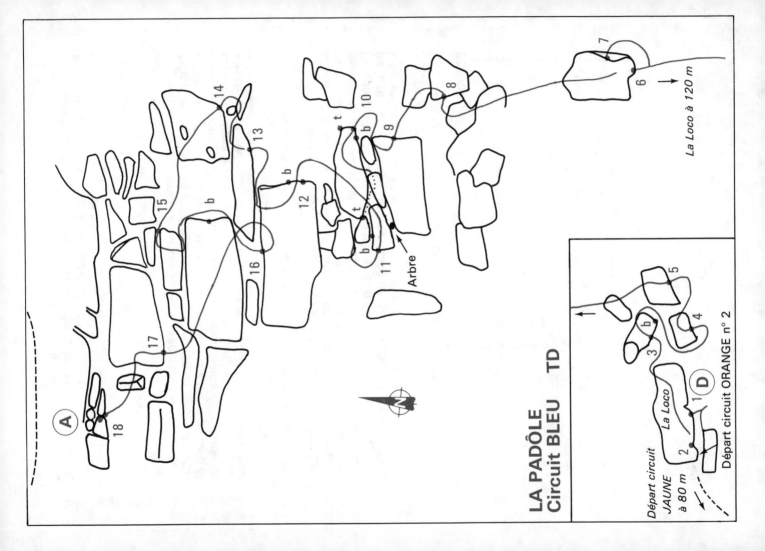

LA PADÔLE
Circuit BLEU   TD

La Padôle

● *Circuit Bleu TD n° 1*

Circuit court et très intéressant, il est très technique et très exposé, ce qui rend l'assurage nécessaire lors des premiers contacts et en particulier dans le chaos principal. La variété des passages comblera tous les grimpeurs. L'humidité peut y être redoutable.

ACCÈS AU CIRCUIT

Le départ, un des grands classiques de La Padôle se trouve sur le même bloc que celui du circuit orange *AD+* n° 2 et à 80 m au nord-nord-est du départ du circuit jaune *PD* n° 3 (*cf.* page 46).

Retour

Suivre vers l'est la bordure de la platière. 150 m plus loin, emprunter le tracé du GR11 qui suit vers le sud celui de l'Aqueduc et qui conduit au lieu de stationnement.

COTATIONS

1	IV+	Les bavures jaunes
2	V−	La fissure du tender
3	IV	Le toboggan
3 b	V	Le quarto
4	IV+	L'alphabète
5	V−	L'envers qu'on croit
6	V−	La chose humaine
7	IV−	La tortue
8	V+	La fille de joie
9	IV+	La sans l'arête
10	V+	La gitane
10 b	V+	La fissure recto verso
10 t	V−	L'anti-Takat
11	IV+	La nord-ouest du sandwich
11 b	IV+	La dalle verte
11 t	IV	La fissure du Saint-Bernard
12	V	La dalle de la salle à manger (sud)
12 b	V+	La dalle de la salle à manger (nord)
13	VI−	L'interro
14	V+	La Zondeur
15	IV−	La fissure de la limace
15 b	IV+	Le bivouac
16	V−	La lime à ongle
17	V−	L'expo
18	V+	Le mur à Jacques

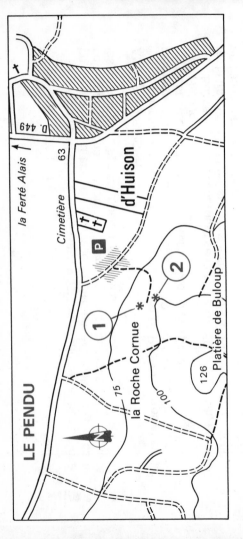

LE PENDU

LE PENDU (9)

Le Pendu, nommé la Roche Cornue sur la carte I.G.N., est un massif classique, à tort délaissé aujourd'hui. Bien dégagé par une exploitation forestière, il sèche très vite et l'adhérence y est exceptionnelle. On y trouve de nombreux auvents à gravures rupestres.

ACCÈS AU MASSIF

En voiture : sortir de l'autoroute A 6 en direction de Mennecy. Traverser la ville et prendre alors la N 191 jusqu'à La Ferté-Alais et, de là, la direction Malesherbes (D 449 sur 2,5 km) jusqu'à D'Huison. Tourner à droite (90°) en direction de Longueville et, 150 m après le cimetière d'Huison, prendre à gauche (sud-est) le chemin de terre sur 50 m environ. Petit stationnement.

A pied : de La Ferté-Alais, suivre le même itinéraire (5 km).

LES CIRCUITS

- **Jaune *PD* n° 2** : 24 numéros. Tracé par l'U.S.I. (F.S.G.T.) ce circuit de longueur moyenne est technique, varié et rarement exposé.

Départ : de la Roche-Cornue (*cf.* circuit n° 1) une sente vers le sud conduit au départ situé sous l'angle Nord-Est de la platière.

- **Orange *D+* n° 1** : *cf.* page 55.

Platière. Apremont. ▲

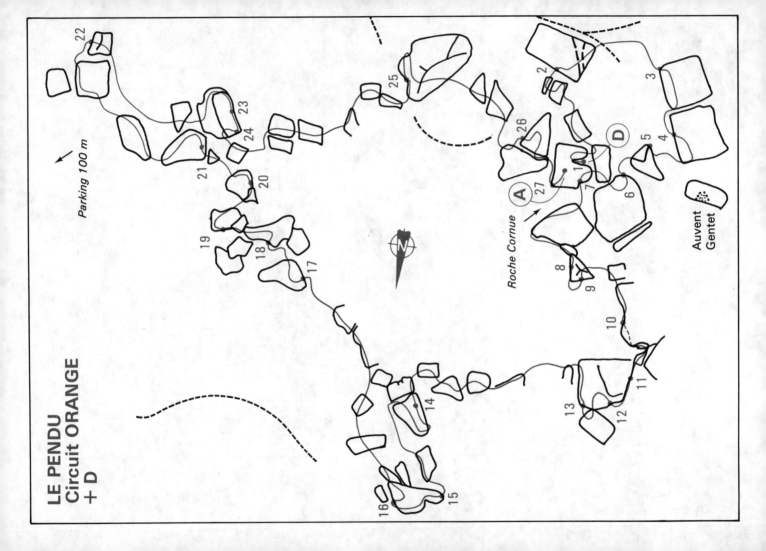

Le Pendu

- **Circuit orange** *D+ n° 1*

Tracé par les frères Libert, du C.A.F., et appelé « circuit fantôme », c'est un grand classique bleausard, peut-être un peu court mais présentant toujours une escalade variée, intéressante et parfois athlétique. Il se termine sur la très belle et facile arête de La Ferté, sur le rocher du Pendu. La zone où se déroule la première partie du circuit, ayant échappé à l'exploitation forestière, est malheureusement recouverte de lichen. Les pitons en place dans deux passages (nᵒˢ 12 et 14) peuvent s'éviter.

ACCÈS AU CIRCUIT

De la zone de stationnement, emprunter un bon sentier (direction sud-ouest) que l'on suit jusqu'au niveau de la Roche Cornue (très caractéristique). Le circuit prend comme premier passage la cheminée cachée sur le flanc ouest de la Roche Cornue.

COTATIONS

1	IV	La cheminée cachée
2	III+	La dalle des racines
3	IV−	L'angle de la volonté
4	IV−	Le barrage
5	V	Le billard (grande arête)
6	III−	La voie du trou
7	IV	La dièdre nord
8	IV+	La traversée du lieutenant
9	IV+	L'araignée
10	IV	Le toit
11	VI−	La traversée aux poudres
12	V/A 1	Le surplomb
13	III−	Le mur de la vive
14	IV	Les moufflets (droite)
15	IV+	La vigie
16	V	Le mur en forme de coquille
17	II	La voie de l'arbre
18	IV	Le surplomb nord du zigzag
19	V−	La traversée impossible
20	IV	La traversée du hérisson
21	II+	La traversée de la voie à vache
22	IV	Le nid d'aigle
23	II	La traversée de la roche verdâtre
24	IV+	La petite banquette
25	IV+	La traversée de l'hectowatt
26	IV	Le grand appui
27	IV−	L'arête de la Ferté

FORÊT DOMANIALE
DE FONTAINEBLEAU

ROCHER CANON (10)

Massif très fréquenté en raison de la proximité de Melun et de la gare de Bois-le-Roi. Il est peu étendu mais les nombreux circuits d'escalade et de randonnée ont entraîné un surbalisage regrettable. Les blocs y sont en général de faible hauteur et souvent lisses. Si les blocs sèchent vite, le sol reste par contre gras très longtemps après la pluie.

Certaines soirées d'été, la présence de moustiques, due à la proximité de la Mare aux Evées, peut rendre le séjour très désagréable.

ACCÈS AU MASSIF

En voiture : sur l'autoroute A6, prendre la sortie Ponthierry ; suivre la N 7 jusqu'au niveau de Pringy (6 km). Continuer droit par la N 472 puis la D 142 jusqu'à la Table-du-Roi 9 km (direction Bois-le-Roi). Suivre alors à droite la D 142 (Route Ronde) sur 2 km. Prendre à droite la route forestière du Lancer puis à gauche la route forestière de la Table-du-Roi, qui conduit à une aire de stationnement (350 m de la Route Ronde).

A pied : de la gare de Bois-le-Roi, un diverticule du GR1 conduit au Rocher Canon par la route du Lancer (2,5 km).

LES CIRCUITS :

• **Jaune/Orange** *PD* – **n° 3 :** numéroté. Long et assez soutenu, il exploite la crête à l'ouest du groupe principal.

Départ : du parking, suivre plein ouest un sentier (laissant un arbre sur bloc sur la gauche) qui rejoint le sentier Bleu n° 12 (100 m). Suivre le sentier d'abord en direction du nord puis vers l'ouest sur 500 m. Le départ se trouve en bordure du sentier Bleu, 50 m après avoir coupé le GR1 et le T.M.F. (Route des Monts de Fays).

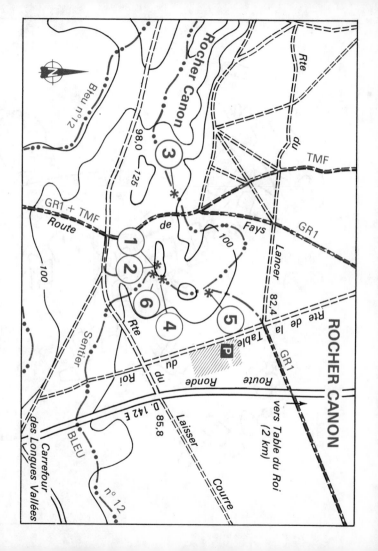

ROCHER CANON

vers Table du Roi (2 km)

• **Jaune *PD* n° 2** : 40 numéros + 1 *bis*. Auteur : Gérard Weyl. Très classique, assez athlétique sur la fin et intéressant malgré des prises souvent polies.

Départ : par un sentier évident (ouest), rejoindre le sentier n° 12 (*cf.* circuit n° 3) et le suivre vers le sud jusqu'au sommet du pignon (Rocher Canon). Le départ se situe au pied de la face nord du rocher.

• **Vert *AD* + n° 1** : 31 numéros + 1 *bis*. Tracé par les C.I.H.M. Il est varié, assez inégal et parfois athlétique.

Départ : sur le même bloc que le Jaune N° 2.

• **Bleu *D* n° 5** : 41 numéros + 7 *bis*. Auteurs : MM. Berger, Naël et le G.S.D.I. De longueur moyenne ce circuit est technique, varié et parfois athlétique ; il sèche lentement après la pluie.

Départ : du parking, rejoindre le sentier Bleu n° 12 (*cf.* circuit n° 3). Le premier passage se situe à droite du sentier quelques mètres après la jonction.

• **Bleu clair *D* n° 4** : *cf.* page 59.

• **Rouge *TD* + *D* / *TD* – n° 4 : *TD* – n° 6** : 56 numéros. Auteur U.S. de Bagnolet et U.S.I. (F.S.G.T.). Très technique, athlétique et intéressant, il requiert des doigts solides.

Départ : à droite du sentier Bleu, 30 m après le départ du circuit n° 4 (bivouac éponge).

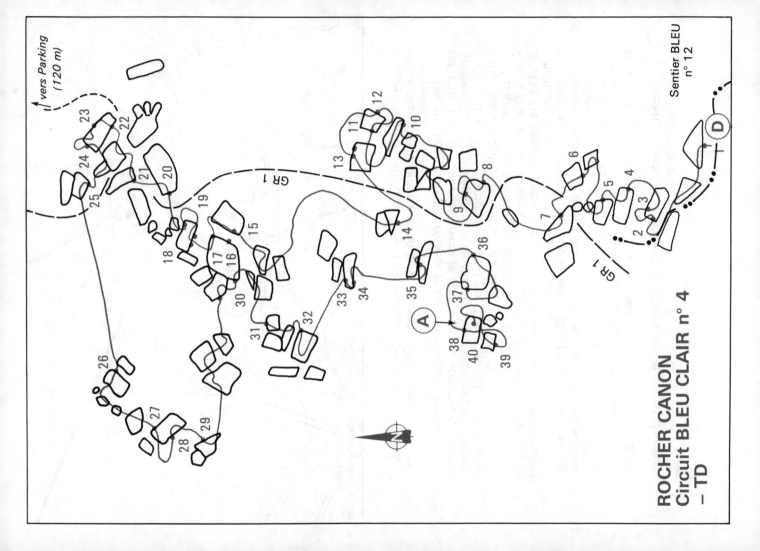

ROCHER CANON
Circuit BLEU CLAIR n° 4
– TD

• Circuit Bleu clair *D+ / TD − n° 4*

Ce circuit a été tracé par le Groupe Alpin Populaire en 1963. Son originalité tient à la recherche de passages intermédiaires qui permettent une escalade enchaînée et continue. Il est très technique et parfois athlétique et demande une bonne habitude de l'adhérence. Comme le circuit Vert n° 1, il est rapidement en condition après la pluie.

ACCÈS AU CIRCUIT

Du parking, par un sentier plein ouest, rejoindre le sentier Bleu n° 12, que l'on suit vers le sud jusqu'à une quarantaine de mètres avant le sommet du pignon. Le départ est une belle dalle en bordure gauche du sentier.

COTATIONS

1	V −	Le cap G.A.P.		21	V	La Bendix
2	IV +	Le pied levé		22	IV −	L'eunuque
3	IV +			23	IV	
4	V −	L'appuyette		24	IV +	La Frouch'mammouth
5	IV			25	V −	Le surplomb du Bengale
6	V	L'attrape-mouche		26	V −	
7	IV			27	III +	
8	IV	Le Sphinx		28	V −	
9	IV	Le Golgotha		29	IV −	
10	V	La traversée de l'ex-souche		30	IV	
11	V −			31	V	Le prétoire
12	IV +	Le Beaufort		32	IV +	La fédérale
13	IV +	La queue du dromadaire		33	IV	La voie de l'obèse
14	IV +	L'imprévue		34	IV +	
15	V	L'Emmenthal		35	IV	
16	V	Le Cruciverbiste		36	V	Le serpent
17	V	Le cheval d'arçon		37	IV −	Le French Cancan
18	IV	La soprano		38	IV	Le SMIG
19	IV −			39	IV	
20	V	La contralto		40	V −	Le Cervin

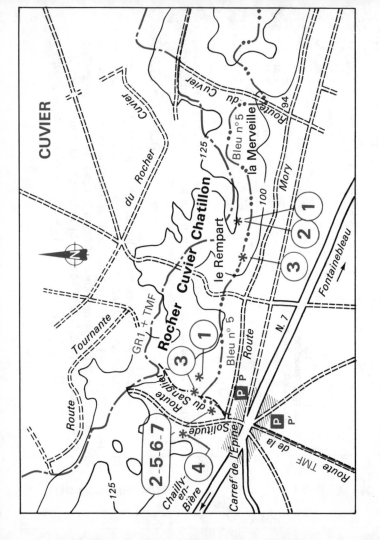

CUVIER (11)

C'est le massif le plus parcouru de la forêt de Fontainebleau. Son succès est largement dû à la facilité de son accès et à une renommée qui dure depuis le début du siècle et qui a même dépassé nos frontières.

Les circuits d'escalade se situent au Bas-Cuvier et au Cuvier-Rempart. Il existe cependant d'autres lieux d'escalade, comme La Merveille, mais qui ne font l'objet d'aucun balisage.

Le Cuvier-Rempart, qui a connu longtemps les faveurs bleausardes en raison de ses qualités alpines, est aujourd'hui moins parcouru que le Bas-Cuvier. Le Bas-Cuvier sied mal aux solitaires, aux amateurs de vertige et d'exposition. Ici, à tous les degrés de difficultés, c'est un laboratoire du geste : l'athlète du surplomb doit devenir gracile et le débutant styliste et technicien.

Certains pourraient penser qu'une fréquentation des lieux aussi intense et ancienne entraînerait une escalade académique. Il n'en est rien, l'esprit de recherche y est toujours prédominant, et quand la verticalité ne suffit plus c'est dans l'horizontalité que l'on conquiert l'inutile. Ces traversées modernes font ainsi la liaison entre Fontainebleau et la falaise.

60

ACCÈS GÉNÉRAL

En voiture : quitter l'autoroute A6 en direction de Fontainebleau. Rejoindre la N7 et dépasser Barbizon, continuer sur 1 km jusqu'au carrefour de l'Épine. Il n'est pas conseillé d'utiliser la partie sud du parking, la traversée de la Nationale étant très dangereuse. Il vaut mieux continuer jusqu'au carrefour de la Croix du Grand Veneur et y faire demi-tour.

A pied : de la gare de Bois-le-Roi, suivre d'abord le GR1 puis le sud jusqu'aux rochers du Cuvier Chatillon.

CUVIER-REMPART : du parking, suivre le sentier Bleu n° 5 vers

l'est, sur environ 600 m.

LES CIRCUITS :

• **Rouge AD — n° 1 :** 16 numéros. Auteur : Fred Bernick, du C.A.F. (1947). Premier circuit tracé à Fontainebleau. Conçu comme un enchaînement destiné à l'entraînement alpin. Très classique, sèche vite (sauf sur le versant nord).

Départ : suivre le sentier Bleu n° 5. On rencontre l'« aérolithe », gros bloc caractéristique, posé sur une table rocheuse. Quitter ce sentier 20 m plus loin, à l'endroit où il fait une chicane à droite, pour prendre à gauche une sente vers le sommet. Le départ se trouve *sur* la platière côté sud (134,6 I.G.N.).

• **Jaune D — n° 2 :** *cf.* page 67.
• **Noir ED — n° 3 :** 47 numéros. Auteur : René Porta. Circuit peu fréquenté et volontairement exposé. Très technique, à doigts. Rochers souvent recouverts de lichen.

Départ : environ 50 m à l'est après l'« aérolithe », sur le sentier Bleu n° 5.

BAS-CUVIER : le parking du carrefour de l'Épine est contigu au

massif.

LES CIRCUITS :

• **Orange AD — n° 3 :** *cf.* page 63.
• **Orange AD+ / D — n° 1 :** 20 numéros. Auteur : Pascal Meyer, du R.S.C.M. Ce circuit, situé dans un cadre forestier tranquille, est peu fréquenté. Il est varié, inégal et parfois exposé.

Départ : du parking, suivre le sentier Bleu, n° 5. Lorsqu'il tourne à l'est, repérer la Prestat (n° 48 du Bleu) et la rejoindre. Le départ se situe à environ 40 mètres au nord, sur la face est d'un petit rocher (entre les n°s 47/48 de l'Orange n° 3).

• **Bleu TD — n° 4 :** 30 numéros. Auteur : « Philou », du R.S.C.M. Circuit tranquille et diversifié. Quelques voies très difficiles.

Départ : à 100 m du parking, au bord de la route de la Solitude.

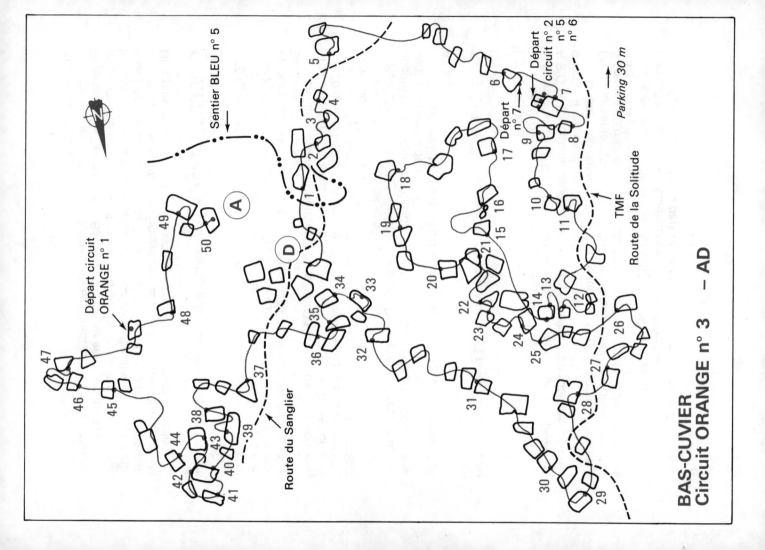

BAS-CUVIER
Circuit ORANGE n° 3   – AD

- **Bleu TD – n° 7** : 48 numéros. Tracé par le R.C.S.M., c'est un circuit élégant dont les voies sont généralement plus techniques qu'athlétiques.

  Départ : à 20 m au nord du parking.
- **Rouge TD + n° 6** : cf. page 65.
- **Noir ED – n° 2** : 28 numéros. Tracé par Roland Trivellini, il a été complété par J. Godoffe et Jo Montchaussé. Bien que remarquable, il est peu fréquenté.

  Départ : à 20 m au nord du parking.
- **Blanc ED + n° 5** : cf. page 65.
- **Circuit Orange AD – n° 3**

  Très beau circuit convenant aux débutants confirmés, tracé par le R.S.C.M. Il permet par sa variété l'apprentissage des diverses techniques bleausardes. Il est peu exposé, sauf les n°s 24, 32 et 50. Si ce circuit constitue de belles gammes pour l'aspirant « quarto », il est aussi pour le fort grimpeur une excellente mise en condition physique s'il le parcourt en moins d'une demi-heure.

ACCÈS AU CIRCUIT

À 100 m du parking non loin du sentier Bleu n° 5, place du Cuvier.

COTATIONS

D		
1	II –	La fissure de la place du Cuvier
2	II	Le petit rétab
3	II +	La fissure de l'auto
4	III –	L'envers des trois
5	II	Le second rétab
6	II +	Le onzième trou
		Le sans les mains (arête sud-est)
7	III	La voie de l'arbre
8	III	La dalle du Tondu
9	III	L'envers du J
10	III	L'oreille cassée
11	III	La dalle de l'Élan (gauche)
11b	II	La dalle de l'Élan (droite)
12	II	La petite côtelette
13	II –	La fissure sud du Coq
14	II –	La traversée de la crête du Coq
15	II +	La proue
16	III	La tenaille
17	II +	Les deux temps
18	II	La voie bidon
19	II	La dalle du pape
20	II –	La fissure est de la gamelle
21	II	La traversée du Bock
22	II +	Le petit angle
23	II +	Le muret
24	IV –	Le tire-bras (traversée)
25	II –	Le mur aux fênes
26	III –	Le « trois » (dalle nord)
27	III –	Le petit surplomb
28	III –	La rigole ouest de la solitude
29	III	La delta
30	II +	La fissure des enfants
31	II –	La grenouille, dalle ouest
32	II –	La dalle aux trous (face nord)
33	III –	La traversée de la dalle des flics
34	IV –	La jarretelle
35	II –	Le zéro sup
36	III +	Le boulot
37	III –	La dalle aux demis
38	III –	Les Tripes (voie normale)
39	III	La dalle du 106
40	I +	Le coin du 5
41	II	Les lunettes
42	II +	Les pinces
43	II +	La traversée du doigt
44	II +	Les lichens
45	II +	La verte
46	III	La déviation
47	III +	Le petit mur
48	II +	L'envers de Pascal
49	II +	L'envers du Réveil-Matin
50	III +	La Prestat

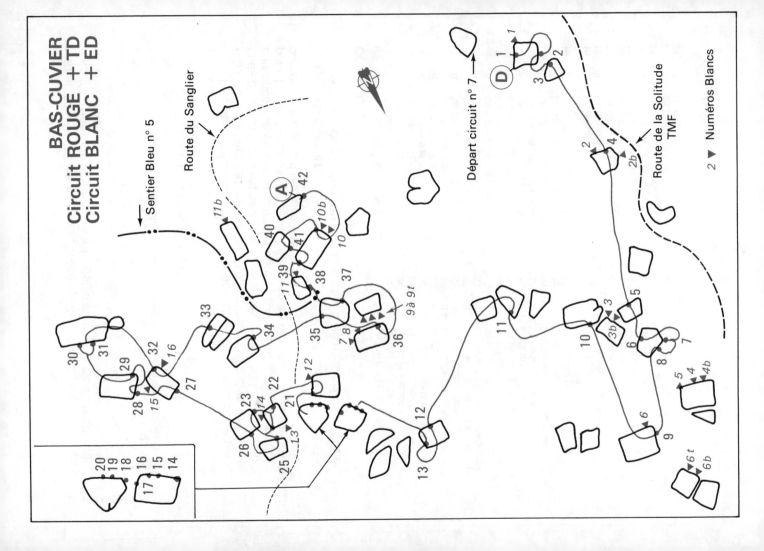

• Circuit Rouge *TD* + n° 6

Ce circuit tracé par le R.S.C.M. est une anthologie de l'escalade difficile. C'est un excellent test de niveau et de forme qui demande des doigts et du savoir-faire. Il peut s'enchaîner en moins d'une demi-heure.

ACCÈS AUX CIRCUITS

Départ à 20 m au nord du parking.

COTATIONS

1	V +	L'envers du « un » (sortie directe)
2	V +	La goulotte sans la goulotte
3	V +	Le trou du tondu
4	VI –	Le trou du Simon
5	V +	La genouillière
6	V +	La Gugusse
7	V +	Les frites
8	V +	La vire Authenac
9	VI –	Le Daubé
10	V +	La Bijou
11	V +	Le Ligament gauche
12	V	La dalle au trou
13	V	La dalle au trou, voie de la vire
14	VI	Les bretelles
15	V +	L'Authenac
16	V	La V 1
17	V	La traversée Authenac
18	V +	La parallèle
19	V +	La Leininger
20	V +	La Suzanne
21	VI –	La Nescafé
22	VI –	La Marie-Rose
23	V	La Bizuth
24	V +	La troisième arête
25	V +	L'angle rond
26	V +	L'huître
27	V +	Le quartier d'orange
28	V	La Nasser
29	V +	Le Réveil-matin
30	VI –	La Couppel
31	VI –	Les grattons du Baquet
32	V +	La dalle du Baquet
33	V +	La chocolat
34	V +	La côtelette
35	V	Les esgourdes
36	VI –	Le Soufflet
37	V +	Le coup de rouge
38	V +	La bicolore
39	V +	La clavicule
40	V	L'orientale
41	V +	L'ectoplasme
42	VI –	La Fauchée

• Circuit Blanc *ED* + n° 5

Ce circuit, qui a de nombreux auteurs, est le livre ouvert de l'histoire de l'escalade extrême au Bas-Cuvier. Il est conçu plus comme un « bloc à bloc » qu'un enchaînement, pourtant possible ! Il demande un apprentissage des passages et une grande maîtrise bleausarde. Les mouvements sont souvent complexes, voire astucieux.

COTATIONS

1	VI +	La Lili
2	VI –	L'emporte-pièce (fissure)
2b	VII –	L'aérodynamite
3	VI –	Le dernier jeu
3b	VI	La Ravensbruck
4	VI	La charcuterie
4b	VII –	L'angle incarné
5	VI	La boucherie
6	VI	La défroquée
6b	VII –	L'abattoir
6t	VII	Le carnage
7	VI	La résistante
8	VI +	La forge
9	VI	La folie
9b	VI	L'enclume
9t	VII	La rhume folle
10	VII –	La vie d'ange
10b	VII –	La dix tractions
11	VI	La clé
11b	VI +	La tour de Pise
12	VI +	La chicorée
13	VII –	La Jocker
14	VI +	Le 4ᵉ angle
15	VI	La Stalingrad
16	VI +	La chalumeuse

Bas-Cuvier

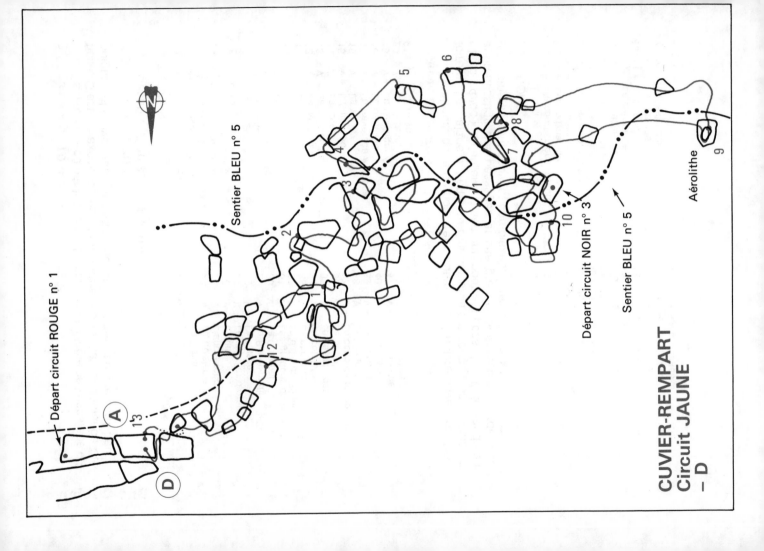

Départ circuit ROUGE n° 1

Sentier BLEU n° 5

Départ circuit NOIR n° 3

Sentier BLEU n° 5

Aérolithe

CUVIER-REMPART
Circuit JAUNE
– D

• **Circuit Jaune *D* – n° 2**

C'est le deuxième circuit de l'histoire de Fontainebleau, tracé en 1947 par Fred Bernick, du C.A.F. Il constitue un bel enchaînement de passages techniques et parfois exposés.

NOTE HISTORIQUE

Fred Bernick décrivait ainsi les boucles qu'il venait de tracer : « Par la nature de sa constitution géologique, entraînant une difficulté technique sans égale en France et sans doute au monde, Fontainebleau constitue la plus poussée et la plus pure des écoles d'escalade...

Un reproche sérieux, c'est le défaut total de voies d'une longueur suffisante pour offrir une variété et une continuité d'effort comparables à celles d'une ascension en haute montagne. Isolément, chaque voie peut s'assimiler à un passage de montagne ; ce qui manque, c'est la liaison entre les passages, cet enchaînement d'écarts, de poussées, de sauts, qui oblige l'alpiniste à un travail musculaire soutenu... C'est avec l'intention d'en faire moins un jeu qu'un parcours d'entraînement à la haute montagne que les "Circuits du Rempart" ont été réalisés. Innovation d'un intérêt apparemment peu contestable, permettant au surplus la marche en cordée... »

ACCÈS AU CIRCUIT

Départ situé *sur* la platière, à 20 m à l'ouest du départ du circuit Rouge *AD* – n° 1 (*Cf.* page 61).

COTATIONS

1	III +	La mémère	
2	III	La bifur	
3	IV –	L'inattendue	
4	II +	Le petit Grépon	
5	IV	Le toboggan	
6	IV +	Traversée de la douloureuse	
7	IV	Le déversoir	
8	IV	La dalle blanche	
9	IV	L'aérolithe	
10	IV	La demi-lune du S	
11	IV	La Gaby	
12	III +	La Johannis	
13	III +	Le rempart (arête S.O.)	

Cuvier-Rempart

ROCHER SAINT-GERMAIN (12)

A 3 km au nord de Fontainebleau et juste à côté de l'hippodrome de la vallée de la Solle, ce petit massif sympathique est très fréquenté. Si de grands arbres y créent une ombre agréable en été, ils contribuent aussi à entretenir une certaine humidité. Comme au Rocher Canon, les blocs présentent une texture à grains fins qui rend l'adhérence délicate.

ACCÈS AU MASSIF

En voiture : de l'autoroute A6, prendre la sortie Ponthierry ; suivre la N7 jusqu'au niveau de Pringy (6 km). Continuer droit par la N 472 et la D 142 (direction Bois-le-Roi) jusqu'au Carrefour de la Table du Roi. Suivre ensuite la N6 en direction de Fontainebleau sur 5 km, jusqu'à deux parkings caractéristiques sur la droite de la route avant un tournant marqué sur la gauche.

A pied : de Bois-le-Roi, par le diverticule du GR1 rejoindre l'itinéraire précédent à la N6 (4,5 km au total).

LES CIRCUITS

- **Jaune *PD* + n°1 :** cf. page 71.
- **Vert *AD* + n°2 :** 44 numéros + 6 *bis.* Auteur : inconnu. Circuit rénové par Jean-Claude Beauregard. Hétérogène et assez athlétique. Départ : du parking, suivre la route forestière du Luxembourg vers l'ouest sur 350 m ; le départ se trouve sur une petite dalle à droite du chemin.

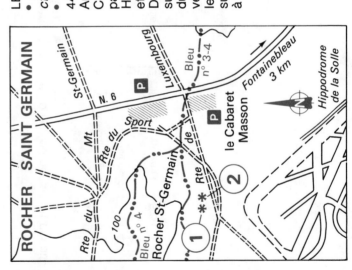

▲ *Chaos dans les gorges d'Apremont.*

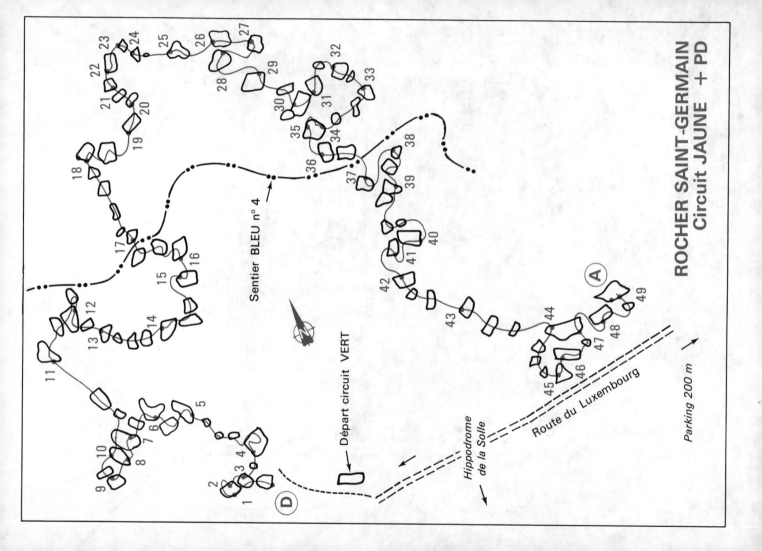

ROCHER SAINT-GERMAIN
Circuit JAUNE + PD

Sentier BLEU n° 4

Départ circuit VERT

Hippodrome de la Solle

Route du Luxembourg

Parking 200 m

- *Jaune PD* + n° 1

Tracé par Gaston Chédor en 1956 et complété en 1976 par Jean-Claude Beauregard, ce circuit est long, varié et homogène ; il requiert une bonne technique de l'escalade.

ACCÈS AU CIRCUIT

Rejoindre le départ du circuit Vert. De là, une sente conduit en 30 m au départ du circuit.

COTATIONS

1	II	Départ		25	II—	Le réta
2	II	La fissure oblique		26	II	La vire à bicyclette
2b	II+	Les baquets		27	II+	Les deux pieds sur le point
3	II	La jambe		28	III—	Le pendule
4	III	Le boulevard Saint-Germain		29	II+	Le quai Saint-Michel
5	III+	Les bras		30	III—	La voie du Cyclope
6	II—	L'angle		31	II—	La reposante
7	II	La savonnette		32	II+	Le mauvais pas-sage
8	III—	La fissure		33	II+	La déversante
8b	III—	La main gauche		34	II+	La N 6
9	II—	La brèche		34b	III—	Le Michel
10	II—	Le retour		34t	III—	L'envers du Cyclope
11	II—	L'angle plat		35	III	Le mirage
11b	II—	La balade		36	I+	La simplicité
11t	III—	Le surplomb		37	II+	La main haute
12	III	Les 2 marches		38	II—	Le Panthéon
13	II—	En passant		39	II—	La main à plat
14	II—	L'angle droit		40	III—	Le bénitier
15	II—	Les deux blocs		41	II—	Le pied
16	II+	La voie de l'arbre		42	II—	L'escalator
17	II—	Le mini-bloc		43	II—	La main droite
18	II—	La droite		44	II—	Le cabaret
18b	IV—	La directe		45	II+	Le souvenir
19	III—	La marche de Gargantua		46	II—	Le fer à cheval
20	II—	Les doigts		47	II+	Le groupé
21	III—	La gauche		47b	II+	La mousse
22	II+	La dalle Saint-Germain		48	II+	L'avant-der
22b	II+	Le Patrick		48b	II+	L'inversée
23	III—	Le biceps		49	III—	L'arrivée
24	II—	La relax		49b	IV—	La difficile

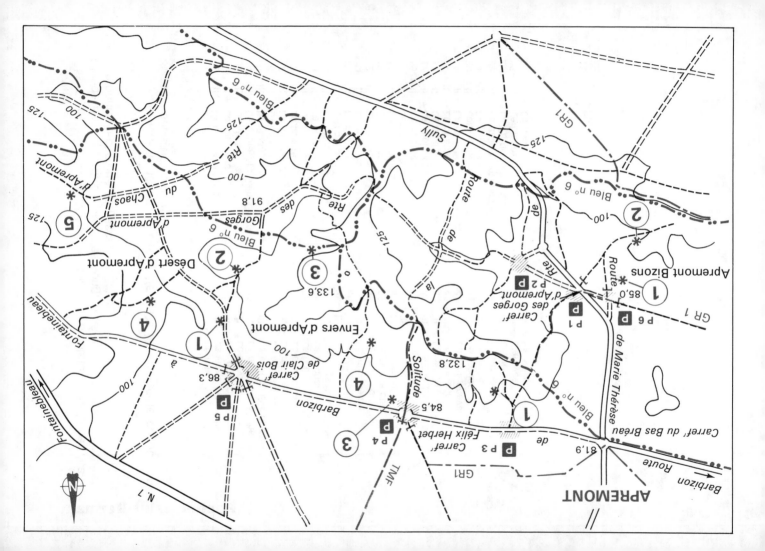

APREMONT (13)

C'est le chaos le plus étendu et le plus foisonnant de blocs de la forêt de Fontainebleau. Ses milliers de rochers de toutes tailles et de toutes difficultés ont permis le tracé de nombreux circuits dont certains figurent parmi les plus connus et les plus remarquables de Fontainebleau. La multitude des blocs et des circuits favorise les enchaînements sans temps morts et un entraînement de haut niveau.

Le massif étant assez vaste, les grimpeurs ont pris l'habitude de le diviser en quatre groupes : les Gorges d'Apremont, l'Envers d'Apremont, Apremont Bizons et le Désert d'Apremont.

Le massif des Gorges d'Apremont est de loin le plus pourvu de circuits. Exposé au sud, il sèche remarquablement vite grâce à une végétation clairsemée de bouleaux admirables en automne.

L'Envers d'Apremont, situé en flanc nord et couvert par une végétation plus touffue qu'aux Gorges d'Apremont, est moins vite en condition après la pluie. Il présente néanmoins trois circuits marquants dont l'escalade est fort agréable du printemps à l'automne.

Constitué de blocs parsemés dans une forêt de fougères, Apremont Bizons s'étend au sud-ouest des Gorges d'Apremont. C'est un massif pour amateurs de calme et d'escalade de difficulté moyenne, qui ne craignent pas le lichen. Il mérite néanmoins de ne pas tomber dans l'oubli.

L'abondance de la végétation pourra surprendre dans le Désert d'Apremont. Cet ensemble de petits rochers qui sèchent vite forme un massif aux circuits parfaitement adaptés à la découverte de la varappe.

ACCÈS GÉNÉRAL

En voiture : quitter l'autoroute A6 en direction de Fontainebleau. 7 km plus loin, tourner à droite pour rejoindre Barbizon puis prendre à gauche la rue principale (est), que l'on suit jusqu'au carrefour du Bas-Bréau (1,8 km).

A pied : de la gare de Bois-le-Roi, suivre d'abord le diverticule du GR1, puis le GR1 vers le sud jusqu'au carrefour du Bas-Bréau. On peut couper par le T.M.F. au niveau du Cuvier.

ACCÈS AUX GROUPES ET AUX CIRCUITS :
GORGES D'APREMONT (13/1) :

Du carrefour du Bas-Bréau, suivre vers le sud la route de Marie-Thérèse. A 600 m et après un tournant marqué sur la gauche, on trouvera la première aire de stationnement P1 (carrefour des Gorges d'Apremont) et, 150 m plus loin, la deuxième aire P2 à 50 m sur la gauche (carrefour des Alpinistes ou des Varappeurs).

73

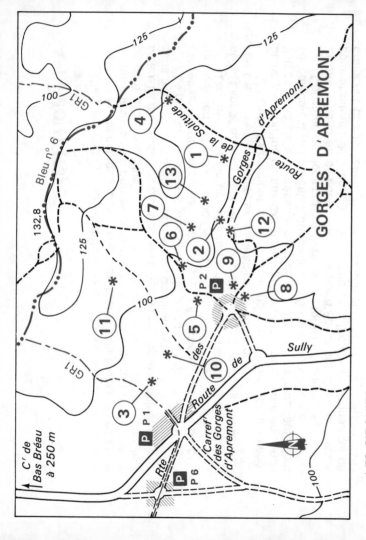

GORGES D'APREMONT

LES CIRCUITS :

- **Jaune** *PD + n° 9* : *cf.* page 79.
- **Vermillon** *AD – n° 8* avec passages de V : non numéroté. Sorte de parcours de montagne très long (2,4 km) et peu soutenu, parfois très glissant avec malheureusement beaucoup de prises taillées. Peu d'intérêt.

  Départ : sur P2.

- **Vert** *AD* n° 2 : 14 numéros. Auteurs : Pierre Mercier et des camarades du C.A.F.

  Assez court et un peu inégal, c'est un grand classique aux prises très polies.

  Départ : de P2, suivre la route des Gorges vers l'est sur 180 m. Il se trouve sur un petit bloc à gauche du chemin, immédiatement après le premier tournant à droite.

- **Vert** *AD* n° 3 : 11 numéros. Auteurs : Pierre Mercier et des camarades du C.A.F. Assez court et un peu fastidieux, il offre quelques passages intéressants. La descente du bloc n° 2 par la voie de montée est très délicate. Un petit rappel y est fortement conseillé.

  Départ : en bordure de P1.

- **Orange** *AD + n° 1* : *cf.* page 81.
- **Bleu** *D* n° 5 dit outremer : 44 numéros. Auteurs : Monique Fédoroff et Pierre Nédélec. Très beau circuit régulier, présentant une majorité de

74

dalles parfois exposées. Il demande une bonne technique de l'escalade.

Départ : de P2, suivre un chemin vers le nord sur 100 m. Le départ se trouve sur un gros bloc à gauche de ce chemin.

• **Bleu D+ n° 13** : 41 numéros + 2 *bis*. Auteurs : Jean-Paul Lebaleur et Claude Pétroff. Circuit de longueur moyenne, varié et très intéressant. Il exploite une zone peu fréquentée des Gorges et présente quelques passages exposés.

Départ : de P2, suivre la route des Gorges d'Apremont vers la droite (est). Prendre le sentier en oblique à gauche immédiatement après le départ du circuit Vert n° 2, le quitter quelques mètres plus loin pour rejoindre le circuit Orange n° 1 au niveau du n° 18. Le suivre. Le départ du Bleu se trouve au pied du bloc n° 19, *cf.* page 80.

• **Fraise écrasée D+ / TD − n° 4** : 27 numéros. Court, varié, un peu inégal, c'est un vieux circuit classique qui s'étend dans un endroit fort calme. Son départ à proximité de la fin du circuit Bleu D + n° 13 permet un enchaînement intéressant.

Départ : de P2, suivre la route des Gorges d'Apremont vers l'est ; 300 m plus loin, prendre la route de la Solitude sur 200 m vers le nord. Départ sur un bloc bordant le sentier à gauche 30 m avant la platière.

• **Orange dit Saumon. TD − n° 6** : *cf.* page 83.

• **Rouge-Blanc TD n° 10** : 40 numéros. Auteurs : MM. Berger et Naël, de l'Union Sportive de Bagnolet (F.S.G.T.). Souvent athlétique avec des gratons agressifs ! Parfois pour grimpeurs de grande taille.

Départ : de P1, suivre le circuit vert AD n° 3 jusqu'à son bloc n° 2. Le départ se trouve sur un rocher 30 m plus à l'est.

• **Bleu clair TD+ n° 11** : *cf.* page 85.

• **Rouge ED − n° 12** : *cf.* page 87.

• **Blanc ED n° 7** : 14 passages repérés et sans rocher intermédiaire. Auteurs : Lucien Guilloux et Jo Montchaussé. Ensemble de passages de VI + et de VII.

Départ : de P2, suivre la route des Gorges d'Apremont vers l'est jusqu'au départ du circuit Rouge *ED* − n° 12, que l'on suit alors jusqu'au bloc n° 7, sur lequel se trouve le départ du circuit Blanc.

ENVERS D'APREMONT (13/2) :

Du carrefour du Bas-Bréau, suivre vers l'est la route forestière de Barbizon à Fontainebleau. Stationner en bordure de la route 300 m plus loin pour le circuit n° 1 (P3) et au carrefour Félix-Herbet à 700 m pour les autres (P4), où l'on croise le GR1 et le T.M.F.

LES CIRCUITS :

• **Jaune *PD* n° 3** : 26 numéros et 1 *bis*. Auteur : un groupe de Villeneuve-le-Roi (F.S.G.T.). Intéressant et peu soutenu.

Départ : 30 m après le carrefour Félix-Herbet (P4), repérer une corbeille O.N.F. Le départ se situe sur un bloc situé au sud.

• **Orange** *AD* n° 4 : *cf.* page 89.
• **Rouge** *TD* – n° 1 : 55 numéros. Auteur : Jacques Batkin, dit « La Farine ». Classique bleausard, long, varié, avec quelques sections de marche et présentant de magnifiques passages souvent athlétiques et parfois exposés.

Départ : de P3, une sente en direction est-sud-est conduit en une centaine de mètres au bloc de départ.

APREMONT BIZONS (13/3) :

Du carrefour du Bas-Bréau, suivre la route de Marie-Thérèse vers le sud. Au niveau du premier virage à gauche, quitter la route goudronnée et continuer tout droit jusqu'à la barrière O.N.F. (P6), où l'on retrouve le GR1 (500 m).

LES CIRCUITS :
• **Bleu** *D* – n° 2 : *cf.* page 91.
• **Bleu** *D* n° 1 : 17 numéros. Auteur : Daniel Lecointe, du C.A.F. Assez court, peu soutenu, mais toujours très intéressant ; adhérence excellente.

Départ : 60 m au sud-ouest de P6 (vague sente).

DÉSERT D'APREMONT (13/4) :

Du carrefour du Bas-Bréau, suivre vers l'est la route de Barbizon à Fontainebleau sur 1,3 km jusqu'au carrefour de Clair-Bois (P5).

LES CIRCUITS :
• **Jaune** *PD* n° 1 : *cf.* page 93.
• **Jaune** *PD* n° 2 : 19 numéros. Auteur : André Schlub. Petits blocs assez lisses, peu soutenu, devient plus corsé sur la fin tracée en vert.

Départ : de P5, suivre vers le sud-est la route de Clair-Bois sur 250 m. Prendre le chemin sur la droite (sud-ouest) jusqu'au départ du circuit (400 m).
• **Orange** *AD* n° 3 : 23 numéros. Ce circuit, intéressant et varié, a été tracé dans ce site très calme par André Schlub en 1969. Il est homogène, technique, peu athlétique et court. C'est un « classique », ce qui explique le lissage de certaines prises dont le manque d'adhérence peut surprendre. Site très ensoleillé.

Départ : de P5, suivre la route de Clair-Bois (sud-est) sur 250 m ; prendre alors le chemin sur la droite (sud-ouest) que l'on suit jusqu'à croiser le sentier Bleu n° 6 (250 m) que l'on prend vers la droite (ouest) sur 150 m. Le départ se trouve sur une belle dalle qui borde le sentier.

Étrange rencontre dans une canche bellifontaine.

• **Orange AD – n° 4 :** 26 numéros. Auteur : André Schlub. Exploite presque entièrement les blocs situés en bordure des carrières au nord-est du Désert d'Apremont. Varié et un peu inégal.

Départ : de P5, suivre la route de Clair-Bois sur 400 m. Au début d'une grande ligne droite, prendre à gauche une sente sur 150 m. Le départ est sur un gros bloc, à proximité, à gauche. Il sera sûrement rapproché de la route de Clair-Bois.

• **Orange AD / AD+ n° 5 :** 24 numéros. Auteur : André Schlub. Assez court mais varié et intéressant, le n° 7 nécessite l'usage de mousquetons.

Départ : de P5, suivre la route de Clair-Bois vers le sud-est, croiser la route des Gorges d'Apremont (600 m). 100 m plus loin, prendre le chemin du chaos des Gorges vers la gauche (est), le suivre sur 200 m. Le départ se trouve sur un bloc, une vingtaine de mètres à gauche du chemin.

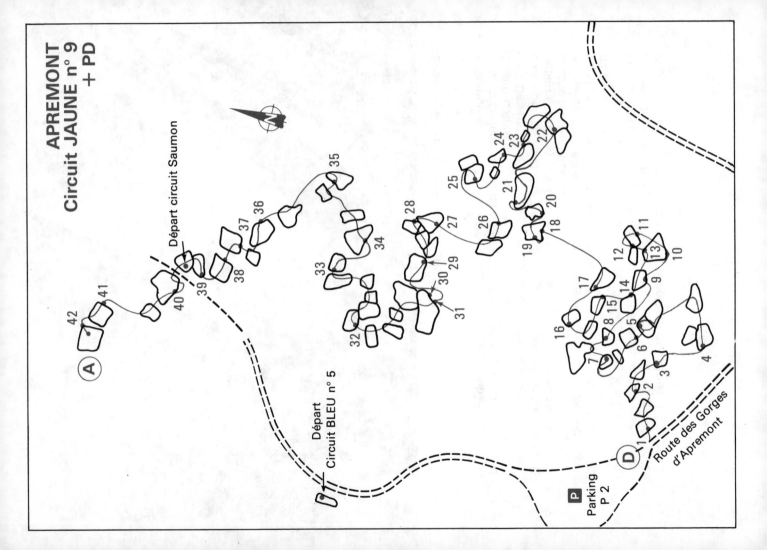

APREMONT
Circuit JAUNE n° 9
+ PD

Départ circuit Saumon

Départ
Circuit BLEU n° 5

Parking
P 2

Route des Gorges
d'Apremont

● **Circuit Jaune** *PD* + n° 9

D'auteur inconnu, ce circuit a été modifié par une équipe dirigée par Françoise et Jo Montchaussé et Jean-Claude Beauregard. C'est un circuit d'initiation avancée qui permettra au débutant d'entrer en contact avec les diverses techniques de l'escalade.

La partie centrale du circuit, située au fond d'un thalweg ombragé, ne sèche qu'assez lentement après la pluie.

ACCÈS AU CIRCUIT

Départ : en bordure de P2

COTATIONS

1	=		
1b	=		
2	= –		
3	= –		
4	= –		
5	= –		
6	= +		
7	= –		
8	= –		
8b	= –		
9	= +		
9b	= –		
10	= +		
11	= –		
12	= –		
13	= –		
14	= –		
15	= +		
16	= –		
16b	= –		
17	= +		
18	= –		
19	= +		
19b	= –		
20	= +		
21	= –		

22	= –	
23	= –	
24	= +	
25	= –	
26	= +	
27	= +	
28	= –	
29	= –	
29b	= –	
30	= +	
31	= –	
32	= +	
32b	= +	
33	= +	La droite du Robert
33b	= +	
34	= +	
35	= +	
36	= +	
37	= +	
38	= +	
38b	= +	
39	= –	
40	= +	
41	= –	
42	= –	

APREMONT
Circuit ORANGE n° 1
+ AD

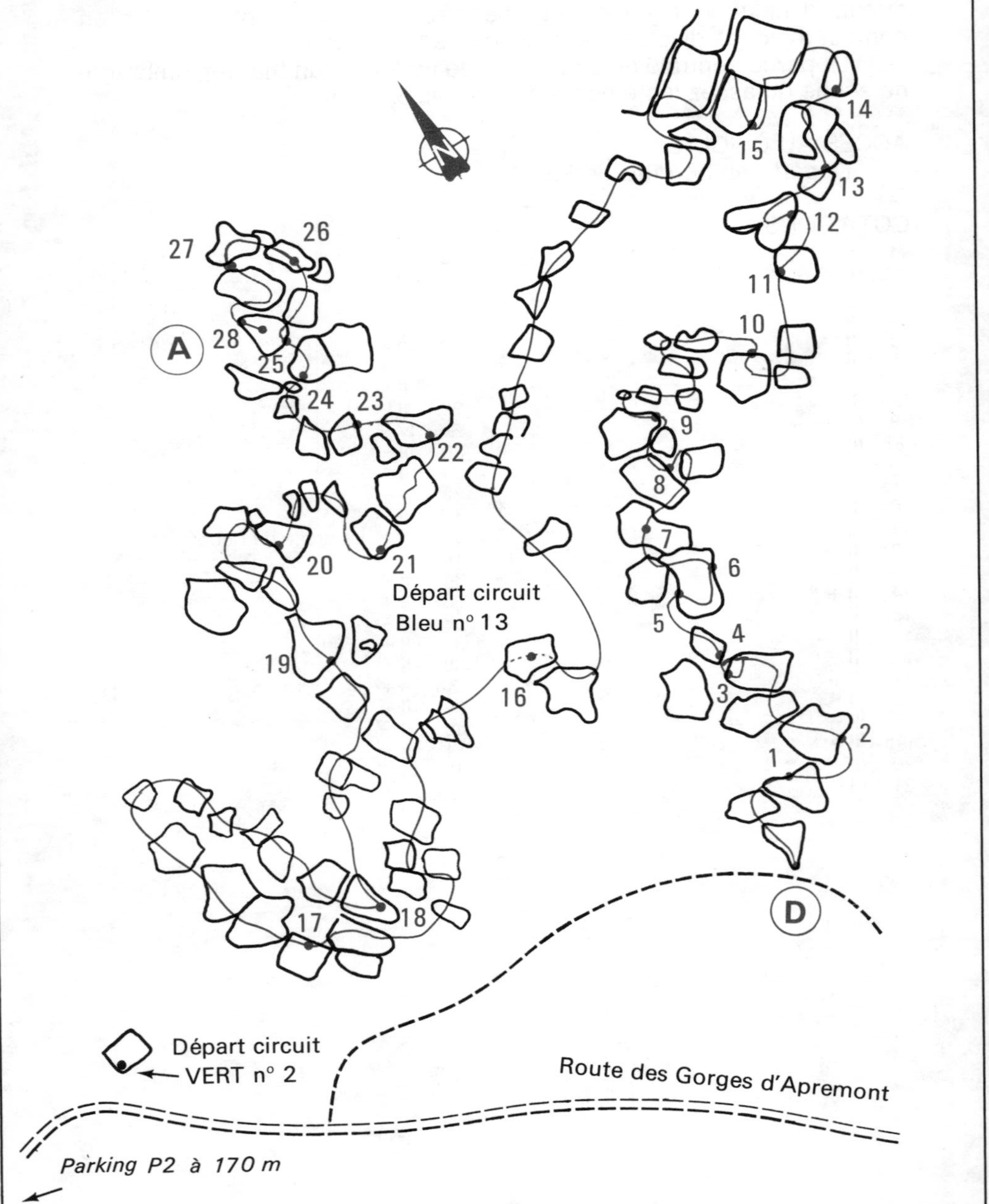

1
2
3
4
5
6
7
8
9
10
11
12
13
14
15
16
17
18
19
20
21
22
23
24
25
26
27
28
A
D
Départ circuit
Bleu n° 13
Départ circuit
VERT n° 2
Route des Gorges d'Apremont
Parking P2 à 170 m

- **Circuit Orange AD+ n° 1**

En 1952 Pierre Mercier et plusieurs amis du C.A.F. décrivaient ainsi le circuit qu'ils venaient de tracer :

« Toutes les voies de ce circuit sont reliées entre elles par des rochers ou blocs de jonction afin de permettre d'effectuer le parcours sans poser les pieds à terre.

» Le choix des voies a été déterminé par un souci d'enchaînement de l'escalade et de la visite des rochers les plus intéressants. Malgré le soin apporté à sa réalisation, de nombreux rochers dignes d'intérêt ont été volontairement omis pour ne pas embrouiller la piste. Ceux-ci, hors parcours, sont signalés par un rond rouge au pied des voies déjà parcourues.

» L'escalade des voies du circuit est ordinairement réalisée sans l'aide de la corde. Cependant, quelques passages plus hauts et plus exposés peuvent nécessiter son emploi. Comptant une centaine de voies du deuxième au quatrième degré supérieur, le tracé «orange » d'Apremont constitue un entraînement alpin indéniable ».

ACCÈS AU CIRCUIT

De P2, suivre la route des Gorges d'Apremont sur 250 m vers l'est et prendre un sentier en oblique à gauche qui conduit en 40 m au bloc de départ.

COTATIONS

D	IV –	La goutte d'or
1	III +	La dent creuse
2	IV –	Les champignons
3	III	L'amateur d'abîmes
4	III	Le repoussoir
5	III	Le chemin de ronde
6	III	Le faux-col
7	IV	L'assureur-conseil
8	III –	La dalle en pente
9	III	La croupe de cheval
10	IV+	La grande allonge
11	III –	La dorade
12	III	Le court-circuit
12b	III +	
13	III +	Les montagnes russes
14	III	Le martyre de l'obèse
15	IV –	Les genoux cagneux
15b	IV +	
16	I –	Le magasin de boutons
17	III +	Le foie gras
18	IV	L'épine dorsale
19	II	Les verrues
19b	II +	
20	IV	Le paquet
21	III +	L'escalier dérobé
22	III –	Le jardin botanique
22b	III	
23	II	La main leste
24	III	Le magasin de porcelaines
25	III +	Le regard en arrière
26	IV	Le mur de clôture
27	III +	L'inventaire (saut)
28	III	Le solde après inventaire

81

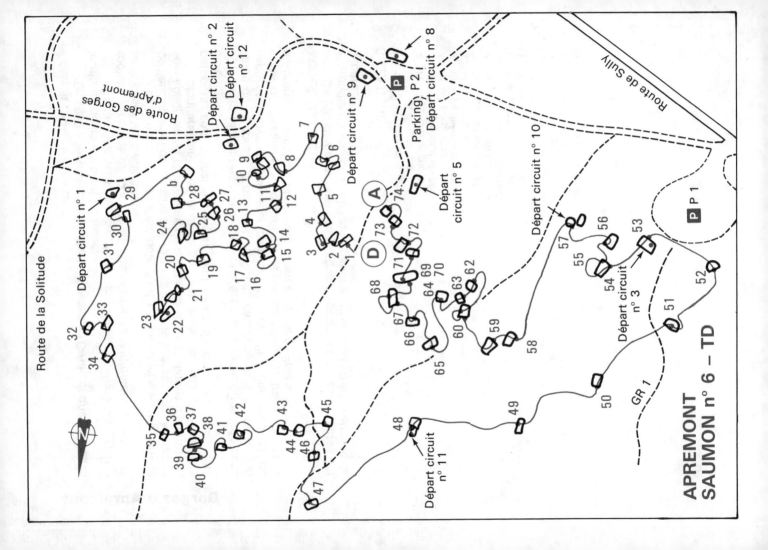

- **Circuit Orange** *TD* — n°6, dit Saumon

Ce circuit a été tracé par Jacques Reppelin et Pierre Porta. Long et assez soutenu, il relie entre eux de magnifiques passages dispersés sur le flanc sud des Gorges d'Apremont. L'escalade, toujours très technique, y est variée, souvent peu exposée avec néanmoins quelques exceptions remarquables (n° 24, dit « la Balafre », et les 48 et 56). Ce très grand circuit classique a déjà été parcouru en 45 mm.

ACCÈS AU CIRCUIT

De P2, suivre un chemin vers le nord sur une centaine de mètres ; le départ se trouve sur une belle dalle située sur le bord étroit du sentier.

COTATIONS

1 IV+	26 V−	51 IV+
2 IV−	27 V−	52 IV
3 IV−	28 IV+	53 IV
4 VI−	28b V+	54 IV−
5 III+	29 V−	55 IV−
6 IV+	30 V−	56 V−
7 V−	31 IV+	57 IV+
8 V−	32 IV−	58 IV+
9 IV+	33 IV−	59 IV+
10 IV+	34 IV+	60 IV+
11 IV+	35 III+	61 IV+
12 IV−	36 IV−	62 IV
13 IV+	37 IV−	63 IV+
14 IV+	38 V+	64 IV+
14b IV+	39 IV−	65 V+
15 IV+	40 IV−	66 V+
16 IV−	41 IV−	67 V+
17 IV−	42 IV−	68 IV+
18 IV+	43 V+	69 IV+
19 IV−	44 V+	70 IV+
20 VI−	45 V−	71 IV+
21 V−	46 III+	72 V
22 V−	47 V+	73 IV
23 V−	48 V+	74 V−
24 V+ La balafre	49 IV+	
25 VI−	50 IV−	

N.B. Les blocs ne sont pas à l'échelle sur la carte.

83

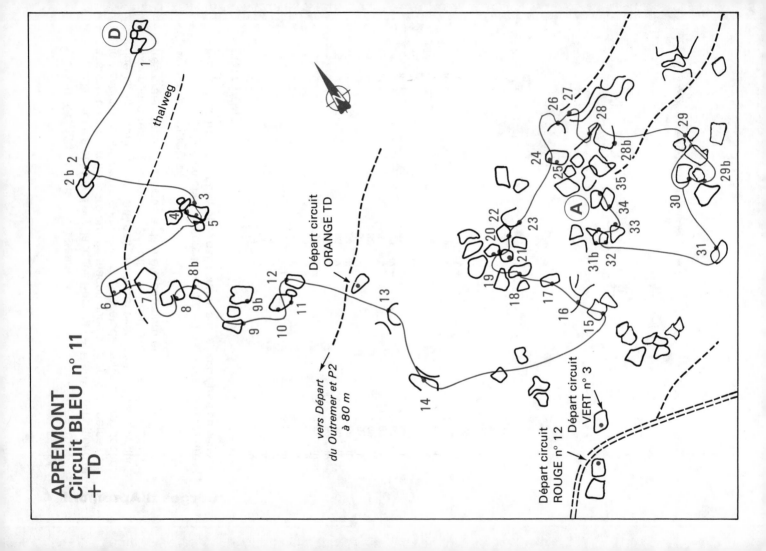

APREMONT
Circuit BLEU n° 11
+ TD

thalweg

D

1

2 b 2

2 b 2

3

4

5

6

7

8b

8b

8

9b

9

10

11

12

Départ circuit
ORANGE TD

13

vers Départ
du Outremer et P2
à 80 m

14

Départ circuit
ROUGE n° 12

Départ circuit
VERT n° 3

15

16

17

18

19

20

21

22

23

24

25

26

27

28

28b

29

29b

30

31

31b

32

33

34

35

A

● **Circuit Bleu clair TD+ n° 11, dit « circuit fissures »**

Ce circuit original et très intéressant a été tracé par Robert Mizrahi, qui le présente ainsi : « L'escalade en fissure est un genre peu développé à Bleau : ce circuit a pour but de la mettre en valeur. Les techniques de coincement, de cheminée ou de Dülfer devront être mises en œuvre pour son parcours. En fait, l'apprentissage de l'escalade en fissure est une éducation du regard avant d'être un enrichissement d'un registre gestuel, et c'est cette optique qui a présidé à l'élaboration de ce circuit. Du parti pris d'homogénéité relative pour ce qui concerne le type d'escalade découle un éventail relativement large de cotations. On peut coter ce circuit TD+ très athlétique. »

Ajoutons simplement que l'on y trouve aussi quelques dalles de très haut niveau et un toit dit « tranquille » aux coincements acrobatiques.

ACCÈS AU CIRCUIT

Le départ, qui se trouve sur la rive droite d'un petit vallon au sud de la Caverne des Brigands, est assez difficile à trouver. Le plus simple semble être de suivre le circuit Bleu D n° 5, que l'on rejoint facilement de P2 et qui constitue un intéressant échauffement, jusqu'à un très haut rocher caractéristique (n° 37 du circuit Bleu) sur lequel se trouve les numéros 1 du circuit Bleu clair et 48 du circuit Orange. Le départ du circuit Bleu clair se trouve en face du n° 48 du circuit Orange.

COTATIONS

N°	Cotation	Nom	N°	Cotation	Nom
D	V +	Le croquemitaine	19	V –	La vessie
1	V +	L'esprit du continent	20	IV +	La lanterne
2	V +	Le pouliquet	21	V –	Le pont Mirabeau
2b	VI +	Le poulpe	22	V –	La super Simca
3	V –	L'anti-gros	23	VI –	Ignis
4	IV	L'effet yau de Poêle	24	V +	La salamandre
5	IV –	La bagatelle	25	V +	La vie lente
6	VII –	Le toit tranquille	26	V +	La muse hermétique
7	V +	Le gibbon	27	V +	L'angle obtus
8	VI –	L'empire des sens	28	V –	Icare
8b	IV +		28b	V –	
9		La pavane	29		Le merle noir
9b	VII	L'adrénaline	29b	V –	L'adieu aux armes
10	IV +	Le sabre	30	V –	La gnôse
11	IV +	Le goupillon	31	V –	La clepsydre
12	VII –	Le mur des lamentations	31b	V –	La clé de sol
13	V +	Le rince-dalle	32	V +	La mélodie juste
14	V +	L'osthétoscope	32b	VII –	Le soupir
15	V +	Les fesses à Simon	33	V –	Le piano vache
16	V +	La michodière	34	V +	Le surplomb à coulisse
17	IV +	L'across en l'air	35	VI –	La sortie des artistes
18	V	L'astrolabe			

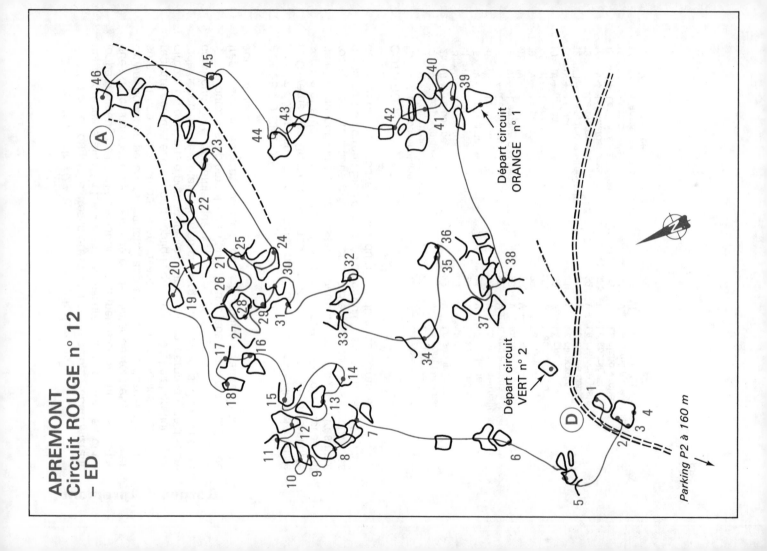

APREMONT
Circuit ROUGE n° 12
– ED

Départ circuit ORANGE n° 1

Départ circuit VERT n° 2

Parking P2 à 160 m

• Circuit Rouge ED – n° 12

Ce beau circuit de style bleausard tracé en 1979 par Lucien Guilloux et Jo Montchaussé exploite le chaos classique d'Apremont. Il est long, varié, athlétique et technique. Comme tout le versant sud d'Apremont, il sèche vite après la pluie. Les grimpeurs de petite taille devront se méfier de certaines voies assez exposées.

ACCÈS AU CIRCUIT

De P2, suivre la route des Gorges d'Apremont vers l'est sur 150 m. Le départ se trouve sur un gros bloc qui borde le chemin à droite.

COTATIONS

1	V+	Départ
2	V–	La sans l'arête
3	V–	Les trois petits tours
4	V+	Le piano à queue
5	V–	La traversée de la fosse aux ours
6	V	Le trompe-l'œil
7	VI–	Les crampes à mémère
8	V	Le triste portique
9	V–	Le toboggan
10	V	Le vieil os
11	VI–	Les yeux
12	V	Le château de sable
13	V+	La Durandal
14	V+	La rampe
15	V+	Le marchepied
16	V+	La longue marche
17	V+	Le bouleau
18	V	Le bonheur des dames
19	V–	La freudienne
20	V–	Le coin pipi
21	V–	L'angulaire
22	V	Le baiser vertical
23	V	Le dièdre gris
24	VI–	Les verrues
25	VI–	Le réta gras
26	V–	La claque
27	V–	Le pilier
28	VI–	La conque
29	V+	L'ancien
30	V	La valse
31	V+	La que faire ?
32	VI	La psycho
33	V	Le doigté
34	V+	La science friction
35	V+	Le pilier japonais
36	VI–	La Ko-Kutsu
37	V+	Le médius
38	V+	La râpe grasse
39	V+	L'anglomaniaque
40	V+	Le grand pilier
41	V+	L'arrache-bourse
42	V+	L'alternative
43	V–	La dalle à dames
44	V–	Le cube
45	IV+	La Croix
46	V	La John Gill

87

Gorges d'Apremont

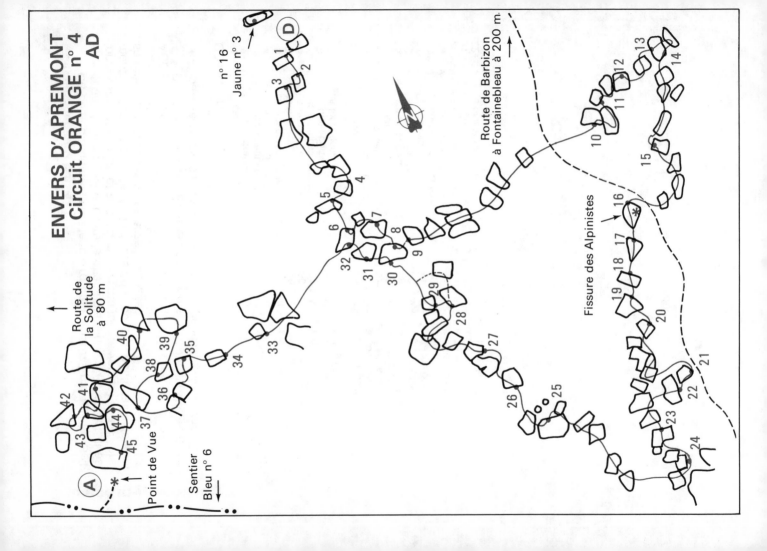

- **Circuit Orange *AD* n° 4**

Ce circuit a été tracé par l'U.S.I. (F.S.G.T.) dans un cadre forestier très tranquille. Il est assez original, très intéressant, parfois délicat. Son n° 16 se trouve sur le bloc de la célèbre « fissure des alpinistes » ouverte par Pierre Allain en 1934, classique de haute difficulté d'avant-guerre. Du rocher de l'arrivée, on découvre un superbe paysage mentionné sur la carte du sentier Bleu n° 6 et situé à 80 m à l'est de la route de la Solitude.

Retour : pour rejoindre P4, suivre le sentier Bleu précité vers l'est puis la route de la Solitude vers le nord (T.M.F. et GR).

ACCÈS AU CIRCUIT

Le départ se trouve 20 m au sud du bloc n° 16 du circuit Jaune n° 3, que l'on peut emprunter pour le rejoindre (départ de P4). Autre possibilité : de P4, suivre la route de Barbizon à Fontainebleau vers l'est sur 250 m ; prendre alors un sentier vers le sud. 150 m plus loin, il croise le circuit Jaune. Emprunter alors une petite sente qui monte en oblique à droite et qui conduit au départ en 50 m environ.

COTATIONS

1	II +		24	III +
2	II +		25	III -
3	III -		26	IV
4	II -		27	III +
5	II +		28	III -
6	II +		29	II +
7	IV -		30	III +
8	II +		31	II +
9	II -		32	III -
10	II - (Descente : IV -)		33	III -
11	II +		34	II -
12	II +		35	III -
13	II +		36	III -
14	IV -		37	III -
15	II -		38	III -
16	IV -		39	III +
17	II +		40	IV -
18	II +		41	III +
19	II -		42	III +
20	III -		43	III -
21	II -		44	IV
22	III -		45	II +
23	II -			

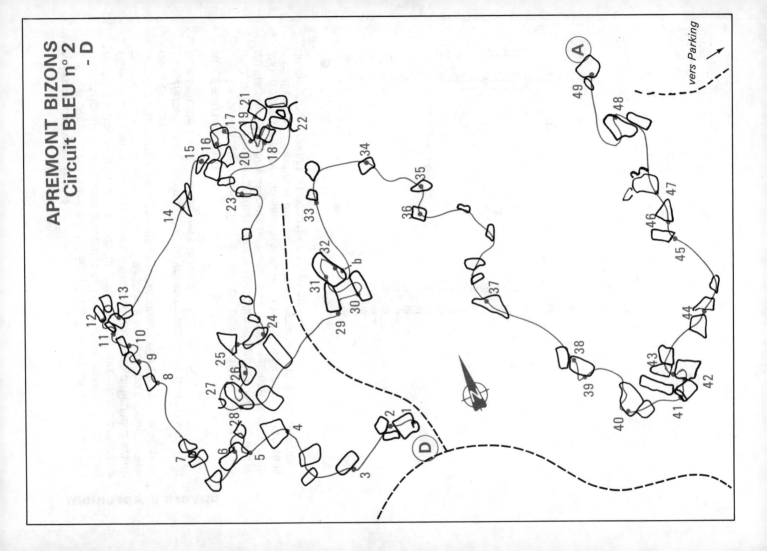

APREMONT BIZONS
Circuit BLEU n° 2 - D

• Circuit Bleu *D* – n° 2

Ce circuit, tracé en 1973 par Pierre Manuel dans une zone très calme de la forêt est, à tort, peu fréquenté. Il est de difficulté moyenne et parfois athlétique. Certains beaux passages aériens, aux chutes peu rassurantes, nécessitent l'usage de la corde pour des grimpeurs non confirmés.

ACCÈS AU CIRCUIT

De P6, continuer de suivre la route de Marie-Thérèse vers le sud sur 150 m environ jusqu'à la jonction avec la route du Dormoir (sur la gauche). Quelques dizaines de mètres plus loin, prendre un sentier en oblique à droite (sud-ouest) et le suivre sur 100 m environ. Le départ se trouve sur un gros bloc à proximité à droite.

Retour : pour le retour, une petite sente s'amorce derrière le bloc d'arrivée en direction du nord-est et qui conduit en 150 m à la route de Marie-Thérèse.

COTATIONS

1	IV –		26	II
2	III +		27	IV +
3	IV +		28	IV +
4	IV +		29	III/ V
5	IV +		30	IV –
6	IV –		31	IV –
7	III –		32	IV –
8	III +		32b	V –
9	III +		33	V –
10	IV –		34	IV +
11	III –		35	III +
12	III –		36	III +
13	III –		37	II +
14	III +		38	IV –
15	III –		39	IV –
16	IV		40	III –
17	IV		41	III +
18	IV		42	III –
19	V +		43	III
20	IV –		44	II
21	III +		45	IV –
22	IV +		46	III +
23	II +		47	IV +
24	III		48	IV –
25	IV +		49	IV

91

Apremont-Bizons

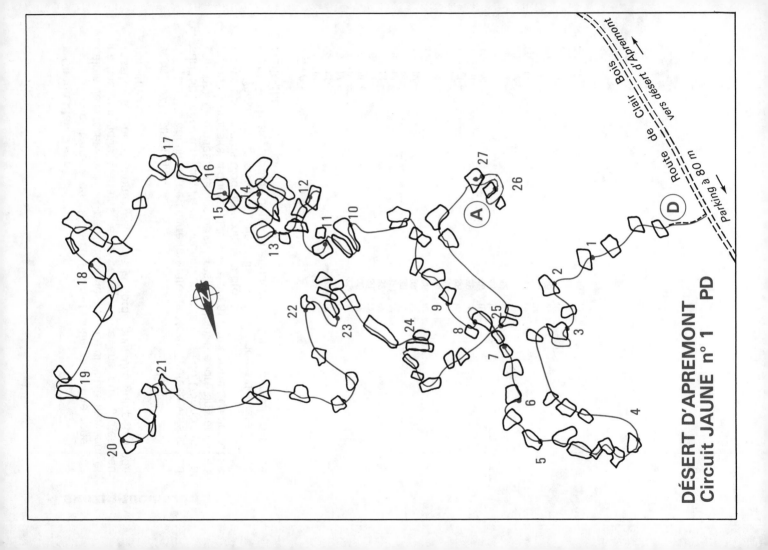

DÉSERT D'APREMONT
Circuit JAUNE n° 1   PD

DÉSERT D'APREMONT

- **Circuit Jaune** *PD* n° 1

Ce circuit, initialement tracé par André Schlub, a été modifié par Jean-Claude Beauregard en 1981. C'est un très beau circuit de découverte, de longueur moyenne, peu exposé et soutenu. Sa variété permet d'y trouver tous les types de mouvements d'escalade. Sans variantes, c'est un circuit *PD*. Avec les variantes, il est *AD*.

Situés dans une zone à bruyère et à végétation éparse, les blocs sèchent rapidement après la pluie contrairement à la terre, qui reste longtemps humide.

ACCÈS AU CIRCUIT

De P5, suivre la route de Clair-Bois sur 200 m environ. Le départ se trouve sur un petit bloc quelques mètres à gauche.

COTATIONS

1	II	Le genou polytechnique
2	II	L'ancien départ
3	III —	La belle arête et sa descente
3b	III	La mémoire d'André
4	II	La Dudule
4b	I —	Le rétablissement
5	III	La dérobée
4t	III	La dalle
5b	III+	La directe dans la dalle
5t	II+	L'angle
5q	III+	La diagonale à gauche
6	III —	La spirale
7	III	La proue
8	III —	La poupe
9	I —	L'intermédiaire
9b	II+	Le popof
10	II+	La découverte
10b	III+	La variante du bas
11	III+	L'aérienne (cheminée)
11b	II	Le bloc posé
11t	IV —	La poignée de métro
12	III	L'interminable
13	III	La giratoire
13b	III	Un nouveau départ
13t	II	En face
14	II+	Le chaos
14b	IV —	La surplombante
15	II —	Le 1er dynamique
16	III —	Le nouveau
16b	IV —	Le 2e dynamique
17	III	Le coincement
17b	III+	Le bloc caché
18	II	La promenade
18b	II+	L'athlète
19	III	La bleausarde
19b	III	La bleausarde directe
19t	III	La Françoise
20	II	L'ultra-secrète
21	II	Le dolmen
21b	III+	La Laetitia
22	III —	Le 1er monolithe
23	III —	Le 2e monolithe
23b	III+	La face
23t	II+	Le petit surplomb
24	III —	Le pas de 2
24b	IV	Le pendu
24t	II+	Le lapin
25	I —	Le pas de 1
26	II+	Le pas de 3
27	IV —	L'arrivée à l'envers

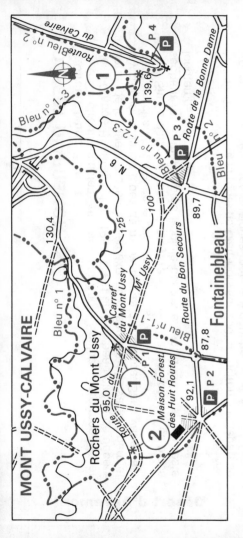

MONT USSY-CALVAIRE

MONT USSY (14/1) CALVAIRE (14/2)

Les trois circuits exploitent les blocs et remparts situés juste au nord de Fontainebleau. Tracés dans une zone forestière dense, ils restent longtemps humides.

ACCÈS AU MASSIF

En voiture : pour le Mont Ussy : de Fontainebleau, rejoindre le carrefour du Mont Ussy par la D 116 en direction de Fontaine-le-Port (500 m) ; pour le Calvaire : à gauche de la piscine, à proximité de la gare, suivre la route de la Reine Amélie jusqu'à la Croix du Calvaire. Parking.

A pied : de la gare de Fontainebleau, suivre la route de la Bonne Dame. Pour le Calvaire, prendre le sentier Denecourt n° 2 à droite ; pour le Mont Ussy, continuer par la route du Mont Ussy (2 km).

LES CIRCUITS

AU MONT USSY

• **Jaune** *PD – n° 2 : cf.* page 97
• **Jaune** *PD* n° 1 : 50 numéros. Auteur : Jean Moley en 1963. Tracé initialement pour les écoliers, ce circuit est intéressant et parfois exposé.
Départ : au carrefour du Mont Ussy.

AU CALVAIRE

• **Orange** *AD* n° 1 : 20 numéros. Auteur : Robert Christe. Court, technique et parfois exposé.
Départ : de la Croix du Calvaire, suivre le sentier Bleu n° 2 vers le nord-ouest sur 100 m. Le départ se trouve en bordure du sentier.

Bouleaux au Cuvier. ▲

94

MONT USSY
Circuit JAUNE n° 2
– PD

• **Circuit Jaune** *PD – n° 2*

Auteurs : Frédéric Dulphy et Laurent Maine. Il exploite à fond le chaos tranquille au niveau de la grotte des Montussiennes. Petits blocs peu exposés, excellent circuit d'initiation à proximité de Fontainebleau.

ACCÈS AU CIRCUIT

Du carrefour du Mont Ussy, suivre la route du Mont Ussy vers l'ouest sur 400 m. Le départ se trouve à droite immédiatement avant le croisement avec le sentier Bleu Denecourt n° 1.

COTATIONS

1	I+	La dalle au trou
1b	III−	La ramoneuse
2	II−	La montée des pieds
2b	II+	Le dièdre des Montussiennes
3	II−	La cuvette
3b	III+	La pessimiste
4	II−	La traversée bleue
5	II−	La grande patte
6	II+	La directos
7	II−	La bonarde
8	II−	Le tire-bras
8b	III−	Le petit surplomb
8t	II+	La pousse pied
9	II−	Le petit réta
10	II−	Le dièdre jaune
11	II−	Le toboggan
12	II−	Le mur aux fougères
12b	II−	Le pilier Gigi
13	II−	La balade
14	II−	Le sandwich
14b	III−	L'expo
15	II−	Le casse-tête
16	II+	La niche
17	II−	Les mains en l'air
18	II−	La simplissime
19	II−	Les pieds
20	II+	Les deux doigts
21	II+	Le grand muret
22	II+	La sans nom
22b	III+	Le surplomb des gros bras
23	II+	La mamelonnée
24	II−	Le Denecourt
25	II−	La dalle aux grattons
26	II+	Le dernier des Mohicans
27	II−	La mal placée
28	II−	Bof

N.B. Belles voies repérées par des triangles bleu clair.

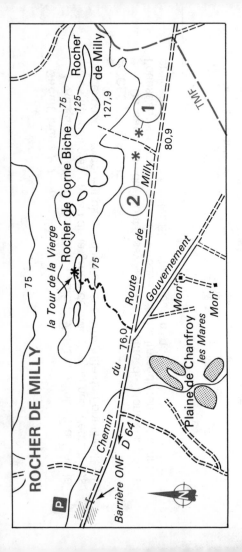

ROCHER DE MILLY

ROCHER DE MILLY (16)

Ce massif, situé dans une région agréable et calme, à l'extrémité nord-est de la plaine de Chanfroy, est, à tort, très peu fréquenté.

ACCÈS AU MASSIF

En voiture : l'autoroute A6, sortie en direction de Fontainebleau ; 3 km plus loin, prendre la direction de Fleury-en-Bière (D 50), que l'on traverse, puis celle d'Arbonne, où l'on rejoint la D 409 (Milly-Fontainebleau). Prendre alors la D 64 direction Achères et tourner à gauche (est) 1 km plus loin. Une mauvaise route forestière conduit à un parking à proximité de la barrière O.N.F.

A pied : de Fontainebleau, suivre le GR11 vers l'ouest. Après 6 km, le quitter pour suivre le T.M.F. vers le sud jusqu'à la route de Milly, que l'on suit vers la droite (ouest) sur 200 m jusqu'à l'ancienne limite de la forêt domaniale.

LES CIRCUITS

• **Jaune F + n° 2 :** 27 numéros. Ce circuit a été tracé sur une croupe bien dégagée par l'U.S.I. (F.S.G.T.). C'est un excellent parcours d'initiation qui sèche rapidement, court, technique et parfois exposé.

Départ : du parking, suivre le chemin de la plaine de Chanfroy jusqu'à l'ancienne limite de la forêt domaniale (bornage). Suivre le sentier du bornage vers le nord sur 70 m jusqu'à une sente à gauche, rejoindre le départ en 40 m.

• **Bleu D + n° 1 :** cf. page 101.

Le temps du ski de fond. ▲

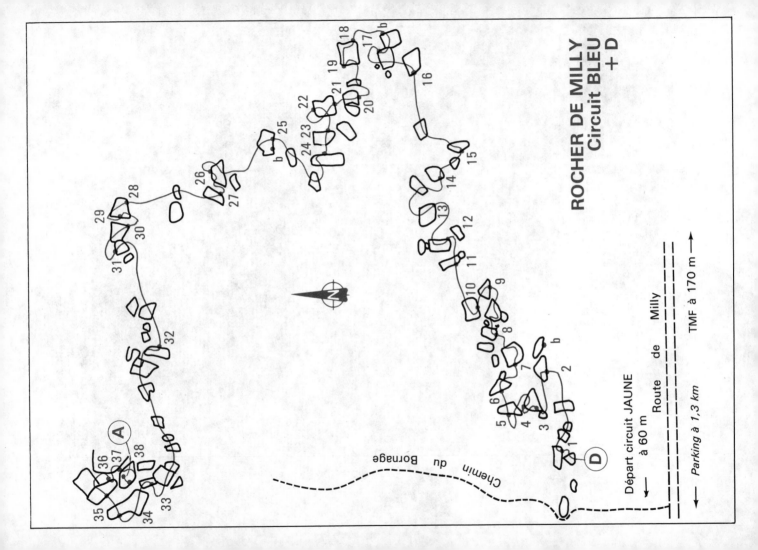

ROCHER DE MILLY
Circuit BLEU
+ D

Départ circuit JAUNE à 60 m

Route de Milly

Parking à 1,3 km

TMF à 170 m

Chemin du Bornage

Rocher de Milly

• **Circuit Bleu *D+* n° 1**

Tracé par Mme Fédoroff et MM. Fédoroff, Laloup, Nédelec et Schwartz dans une zone qui semble plus touffue que celle du circuit Jaune, le circuit Bleu relie entre eux les blocs intéressants mais dispersés du flanc sud du Rocher de Milly. De difficultés inégales, très technique et peu athlétique, ce circuit est toujours peu exposé, sauf le n° 28, dont le rétablissement de sortie, souvent lichéneux, a laissé des souvenirs durables à de nombreux grimpeurs.

ACCÈS AU CIRCUIT

Du parking, suivre le chemin de la plaine de Chanfroy jusqu'à l'ancienne limite de la forêt domaniale (bornage). Suivre le sentier du bornage vers le nord sur 70 m. On rejoint alors le départ du circuit Bleu en une vingtaine de mètres sur la droite par une sente parfois peu visible à cause des fougères.

COTATIONS

1	IV−	20	IV−
2	V−	21	IV−
2b	IV+	22	IV−
3	IV−	23	IV−
4	IV	24	IV
5	IV	25	IV+
6	IV+	25b	V
7	III+	26	IV−
8	III+	27	IV
9	III+	28	IV
10	III+	29	V−
11	V−	30	V+
12	V−	31	V−
13	IV+	32	IV+
14	IV	33	V−
15	IV	34	V
16	III−	35	IV
17	V−	36	IV
17b	IV+	37	IV+
18	IV	38	IV+
19	IV		

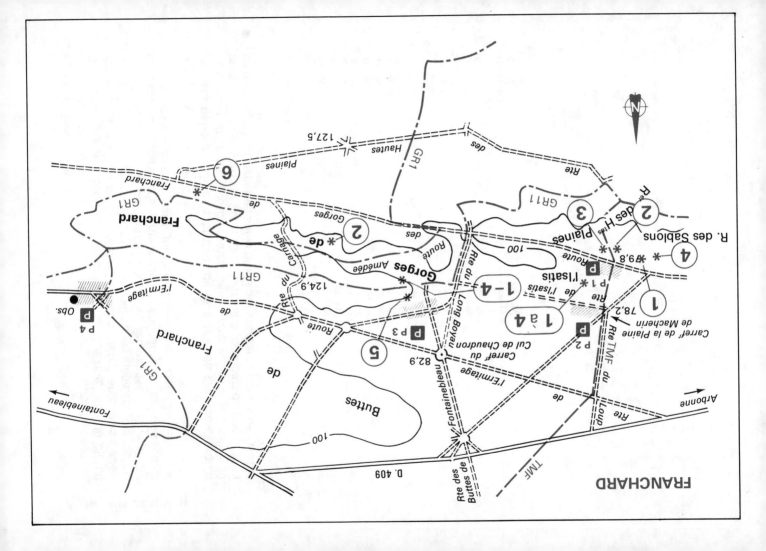

FRANCHARD (17)

La tradition des grimpeurs a divisé ce massif en trois groupes. D'ouest en est, on distingue Franchard Hautes Plaines et Sablons, Franchard Isatis et Franchard Cuisinière.

Les circuits visitent de très beaux blocs situés dans un milieu forestier varié et toujours magnifique. Les rochers sèchent rapidement à l'Isatis mais plus lentement à la Cuisinière et aux Hautes Plaines (Sablons s'abstenir !).

ACCÈS AU MASSIF

En voiture : pour Franchard Cuisinière : quitter l'autoroute A6 en direction de Fontainebleau, 3 km plus loin, prendre la direction de Fleury-en-Bière (D 50), que l'on traverse, puis celle d'Arbonne, où l'on rejoint la D 409. Prendre alors la D 409 sur la droite en direction de Fontainebleau. 1 km après le panneau « Forêt Domaniale » placé à 2 km d'Arbonne, tourner à droite (sud) et suivre la route des Buttes de Fontainebleau sur 700 m jusqu'au parking de la Cuisinière, situé au croisement avec la route du Renardeau (P3).

Pour Franchard Isatis et Hautes Plaines : immédiatement après le panneau « Forêt Domaniale », prendre en oblique à droite la route de l'Ermitage. 300 m plus loin, tourner à droite dans la route du Loup qui conduit au parking du carrefour de la plaine Macherin (400 m) (P2).

A pied : de la gare de Fontainebleau, en 6 km, le GR11 conduit à la Cuisinière. De là, on peut rejoindre P2 par la route de l'Isatis en 700 m.

LES CIRCUITS

FRANCHARD HAUTES PLAINES-SABLONS (17/3,4)

- **Jaune** *PD* – n° **2** : 17 numéros. Peu soutenu et inégal.

  Départ : de P2, suivre la route du Loup vers le sud (T.M.F.). Le départ est à droite du T.M.F., quelques mètres après la route des Gorges de Franchard.

- **Jaune** *PD+* n° **3** : *cf.* page 113.

- **Rouge** *D* n° **4** : 53 numéros. Auteur : C.A.F. Orléans. Parfois inégal et toujours lichéneux, il est d'un intérêt moyen.

  Départ : de P2, suivre la route du Cul de Chaudron, vers le sud-ouest, qui se transforme en sente après la route des Gorges de Franchard. Départ le long de cette sente à 50 m environ.

- **Orange** *TD+* n° **1** : 41 numéros. Auteur : Gérard Clément, du R.S.C.M. Très athlétique et intéressant, il sèche malheureusement très lentement, ce qui explique sa faible fréquentation. La dalle n° 27 est de difficulté assez exceptionnelle.

Départ : de P2, suivre la route du Cul de Chaudron puis prendre la route des Gorges de Franchard sur la droite (est) sur 40 m. Une petite sente plein sud y conduit en 20 m.

FRANCHARD ISATIS (17/2)

- **Jaune** *PD* – n° 4 : 15 numéros. Bon circuit d'initiation, un peu court. Départ : du coin sud-ouest de P2, prendre un petit sentier qui conduit aux premiers blocs en 50 m.
- **Bleu** *D* – n° 2 : *cf.* page 110.
- **Rouge** *TD* n° 1 : 65 numéros + 12 *bis*. Ce circuit tracé en 1960 par Jacques Batkin, Pierre Nédélec et André Schwartz et complété par Jacky Guinot en 1980 est un grand classique de Bleau. Il est long, un peu inégal, varié et très technique.
  Départ : sur le même bloc que celui du Bleu n° 2. *cf.* page 110.
- **Blanc** *TD* + n° 3 : 55 numéros + 28 *bis*. Ce circuit, tracé initialement en saumon par Jacques Reppelin, a été complété et peint en blanc par Antoine Melchior, du G.U.M.S. C'est un très beau parcours, varié, technique, peu exposé en général. Il comprend de nombreux passages sur grattons. Il est *TD* + sans les numéros *bis*, *ED* avec les variantes dont certaines sont parmi les plus difficiles de Fontainebleau (12 *bis* : VII +).
  Départ : *cf.* circuit Jaune *PD* – n° 4.

FRANCHARD CUISINIÈRE (17/1)

- **Orange** *F* + n° 3 : *cf.* page 105.
- **Orange** *AD* n° 1 : 18 numéros. Auteur : Pierre Bontemps, du C.A.F. Circuit de longueur moyenne, intéressant, avec un rocher adhérent même mouillé. Passage test : l'équerre n° 10 (IV).
  Départ : de P3, continuer par la route d'arrivée vers le sud. A 150 m, on croise le GR1, que l'on prend vers la droite sur 80 m environ. Le départ se trouve derrière le gros bloc du départ du rouge *D* + n° 4 longé par le GR.
- **Rouge** *D* + n° 4 : non numéroté. Auteurs : Monique Fédoroff, Pierre Nédélec, André Schwartz. Escalade extérieure athlétique et délicate.
  Départ : cf. Orange, *AD* n° 1.
- **Rouge** *D* + n° 2 : *cf.* page 107.
- **Noir/Blanc** *TD* n° 6 : 123 numéros. Très long et inégal, rarement parcouru. Il exploite les parties est des crêtes sud et nord de Franchard.
  Départ : de P3, continuer la route d'arrivée vers le sud. Rejoindre la route Amédée, que l'on suit vers l'est, prendre à droite la route du Carnage (900 m de P1) qui rejoint la route des Gorges de Franchard, que l'on suit vers l'est sur 400 m. Le départ se trouve sur un gros bloc à 20 m environ au nord de la route et à 40 m avant le croisement avec la route

◄ **12.** L'escalade : un jeu d'enfants - *massif de l'Eléphant.*

13. Diagonale : "le mur à Jacques" - *la Padôle*. **14.** Le souffle du printemps jette un voile de pollen... près de la mare aux Evées.

⑬

15. Symbiose du paysage et du geste au 91,1 - *Trois Pignons.* **16.** Exposition maxima au Puiselet.

⑮

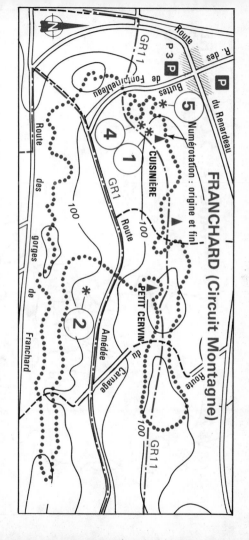

Franchard Cuisinière

Raymond. Possibilité d'un accès plus court de la maison forestière de Franchard.

Retour : de l'arrivée (n° 123), rejoindre le GR11 quelques mètres au nord et le suivre vers la gauche (ouest).

- **Blanc ED – n° 5 :** *cf.* page 109.

- **Circuit Orange F+ n° 3** dit « parcours montagne de Franchard ». « Tracé à l'automne 1960 par un groupe du C.A.F. animé par Jacques Meynieu. Initialement de couleur rouge, la « cerise du débutant », a vu son tracé modifié sur des points de détail.

Dans leur majorité, ces modifications remontent à quelques années et ont été introduites dans le parcours lorsqu'une partie importante de celui-ci fut repeinte en couleur orange. Des numéros de repérage ont été peints pour éviter de sauter certains secteurs.

Ces numéros (de 0 à 75) ne désignent pas des rochers remarquables ou plus difficiles ; ils ont simplement pour but de faciliter le parcours. Il faut préciser qu'ils sont plus rapprochés dans les secteurs où deux parties du parcours sont voisines l'une de l'autre sans pour autant se rejoindre et que le sens de la numérotation a été établi arbitrairement dans le sens inverse des aiguilles d'une montre, ce qui n'implique nullement l'obligation de faire ce parcours ainsi. Il est intégralement réversible.

Précisons encore que la distance à parcourir en escalade facile (quelques passages dépassent le 2) est de l'ordre de 6 km et que le parcours total, sans « tricher » et sans arrêts, représente un test d'entraînement physique indéniable, utilisé d'ailleurs par les bons grimpeurs qui ne dédaignent pas y faire un temps. »

ACCÈS AU CIRCUIT

De P3, continuer par le chemin d'arrivée vers le sud sur 150 m. On croise alors le circuit.

105

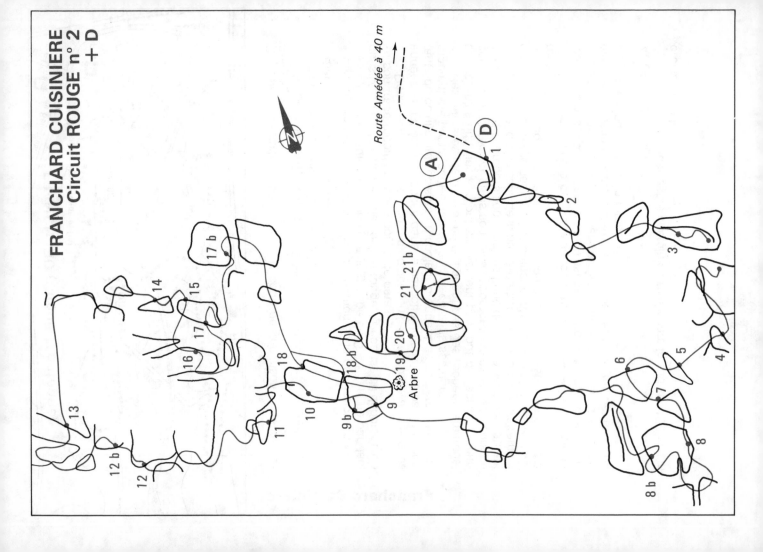

- **Circuit Rouge *D+* n° 2** dit « Pascal Meyer ».

  Ce très beau circuit, tracé par Pascal Meyer, du R.S.C.M., en 1960, exploite un chaos de gros blocs situé sur le flanc nord et le sommet de la crête sud de Franchard, où il croise à plusieurs reprises le parcours montagne.

  C'est un circuit technique, varié (dalles, fissures, dièdres...). Les rochers, en général assez hauts, sont souvent recouverts d'une fine pellicule de lichen peu gênante pour la varappe, mais donnant l'impression d'être à la limite de l'adhérence. Les risques de chutes, en font un bon circuit d'entraînement aux escalades de moyenne difficulté en montagne.

ACCÈS AU CIRCUIT

De P3, continuer la route des Buttes de Fontainebleau (sud) (croisée par le GR11) jusqu'à la route Amédée (GR1), que l'on suit vers l'est, jusqu'à la fin du premier virage à gauche après le carrefour avec la route des Buttes de Franchard (150 m du carrefour, 700 m du parking). Une sente sur la droite rejoint le départ du circuit à une soixantaine de mètres.

COTATIONS

1	IV +		12b	V −
2	III +		13	IV −
3	IV		14	V −
4	III		15	IV +
5	IV		16	IV
6	IV		17	IV
7	V −		17b	IV
8	IV +		18	IV +
8b	IV		18b	IV +
9	IV −		19	IV +
9b	IV −		20	IV
10	IV −		21	IV
11	V −		21b	V −
12	IV			

Franchard Cuisinière

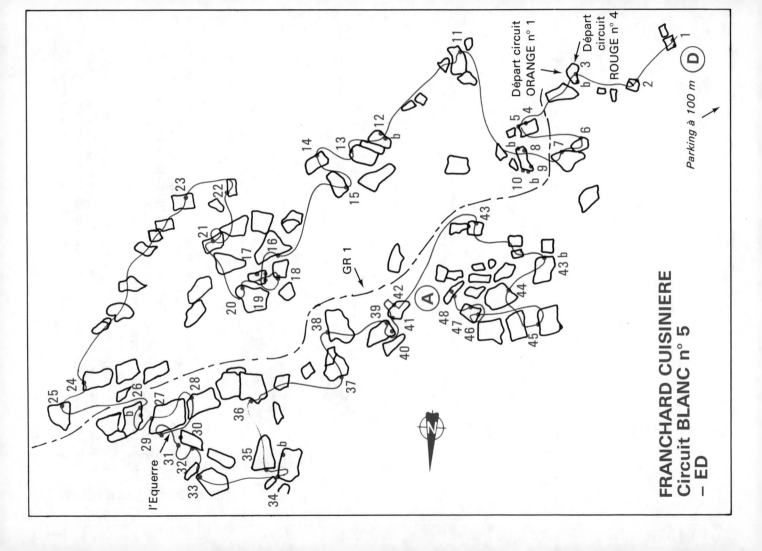

FRANCHARD CUISINIERE
Circuit BLANC n° 5
– ED

Parking à 100 m

D

Départ circuit ROUGE n° 4

Départ circuit ORANGE n° 1

GR 1

A

l'Equerre

N

Franchard Cuisinière

• Circuit Blanc *ED* – n° 5

Ce circuit tracé par Patrick Cordier, et un peu modifié par Pierre Bouilloux, est un des plus beaux circuits de la forêt. On y trouve de magnifiques passages exposés sur de grands blocs, souvent durs pour les doigts.

L'escalade, variée, est plutôt extérieure. La fin du circuit, située en partie au nord, est de ce fait un peu lichéneuse. Elle sèche lentement ; c'est pourquoi le circuit est, à tort, peu fréquenté.

ACCÈS AU CIRCUIT

De P3, une sente vers le sud-est conduit en une centaine de mètres au premier gros bloc. Le départ se situe sur une grande face triangulaire regardant le parking.

COTATIONS

1	V		25	V+
1b	IV		26	V−
2	IV		26b	V−
3	IV+		27	VI−
3b	V−		28	V+
4	V		29	V−
5	V		29b	V+
6	VI−		30	V+
7	IV+		31	V+
8	V		32	IV+
8b	VI−		33	IV
9	V		34	V+
10	V		35	V+
10b	VI		35b	VI
11	V+		36	VI
12	IV+		37	V+
12b	IV		38	VI−
13	IV		39	V
14	IV+		40	V
15	V+		41	V+
16	V+		42	V+
17	IV		43	VI
18	IV		43b	V+
19	V		44	V−
20	V+		44b	V+
21	V+		45	IV+
21b	V		46	V−
22	IV+		47	V+
23	V−		48	VI
24	V			

- **Circuit Bleu *D* – n° 2**

    Ce circuit, très classique, a été tracé en 1955 par Lucien Inselin et Pierre Nédélec, du G.U.M.S. Assez long, il est technique, varié, peu exposé et, comme les autres circuits de l'Isatis, il comporte quelques courtes sections de marche entre les groupes de rochers. Le sol est terreux et très gras après la pluie (tapis utile), mais les blocs sèchent assez vite.

ACCÈS AU CIRCUIT

    Du coin sud-est du parking P2, prendre un petit sentier qui, en 50 m, conduit aux premiers blocs. Le départ du circuit se trouve à quelques mètres, à droite de l'arrivée du sentier.

COTATIONS

1	III –
2	III +
3	III +
4	IV –
5	II +
6	II +
7	III +

8	III –
9	IV +
9b	III –
10	IV –
11	III
11b	IV –
12	IV

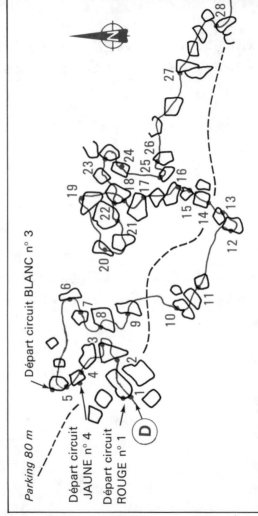

Parking 80 m

Départ circuit JAUNE n° 4

Départ circuit ROUGE n° 1

D

Départ circuit BLANC n° 3

N

**FRANCHARD ISATIS
Circuit BLEU
– D**

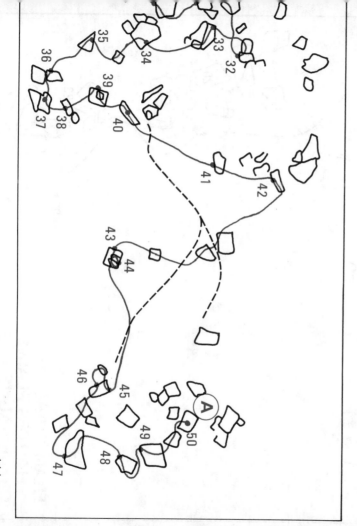

Franchard Isatis

13 II –
14 IV –
14b
15 III –
16 II –
17 III –
18 III –
18b IV –
19 III +
20 IV –
20b II +
21 III –
22 IV –
23 III +
24 IV –
25 IV –
26 III +
27 IV –
28 III +
28b II +
29 III +
30 IV –
30b V –
31 III +

32 IV –
32b IV –
33 II –
34 III +
35 III +
36 III +
37 IV –
38 IV +
39 IV –
40 IV –
41
41b IV +
42 II +
42b III –
43 IV –
44 IV +
45 IV –
45b III +
46 IV –
47 III +
47b IV +
48 III –
49 IV –
50 III +

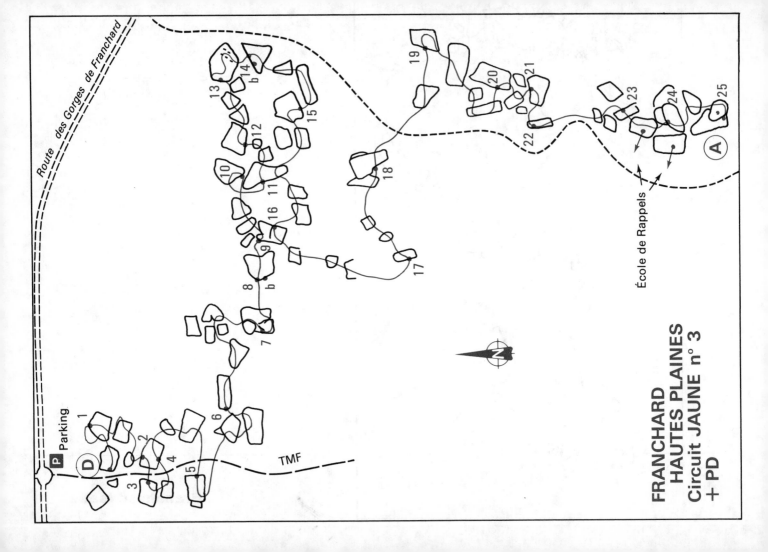

Circuit Jaune *PD+* n° 3

Tracé par Louis Louvel et des camarades de l'U.S.I. (F.S.G.T.), ce circuit parcourt les blocs du site forestier très agréable des Hautes Plaines. Les passages variés et intéressants sont très peu élevés et, sauf exception (n°s 19, 24 et 25), ils sont peu exposés. Les grimpeurs y trouveront le répertoire des mouvements d'escalade ainsi que la possibilité d'apprendre le rappel sur deux blocs équipés de pitons près de l'arrivée (surplomb et dalle).

ACCÈS AU CIRCUIT

De P2, suivre la route du Loup vers le sud (T.M.F.). Le départ est à gauche du T.M.F. (en face du départ du Jaune *PD — n° 2*), quelques mètres après la route des Gorges de Franchard.

Retour : de l'arrivée, revenir sur ses pas par une sente qui passe sous les blocs à rappel. Rejoindre la route des Gorges de Franchard.

COTATIONS

1	II+	La pantoufle
1b	III+	Le cri des murs
2	III—	La manucure
3	III—	La poignée de main
4	II+	L'héliportage
5	II+	L'amnésie
5b	I+	L'expérience
6	II—	La pagaille
7	II+	La reliure
7b	III+	La cérémonie
8	II—	Le bib-bip
8b	III—	L'éloignement
9	II+	Le hérisson
10	II+	Le débroussaillage
11	II+	La question
12	II—	L'entrevue
12b	II+	L'alpage
13	II+	La poudreuse
14	II—	L'isolement
14b	III+	L'écho du 14
15	III+	La déboussolée
16	II+	La portion
17	II+	Via le haut
18	II+	La primordiale
19	II+	Le laçage
20	II—	La boue
21	II+	Le nez main
22	III—	Le modèle
23	II—	La ristourne
24	III	La courbe
25	III+	La dominante

113

Franchard Hautes Plaines

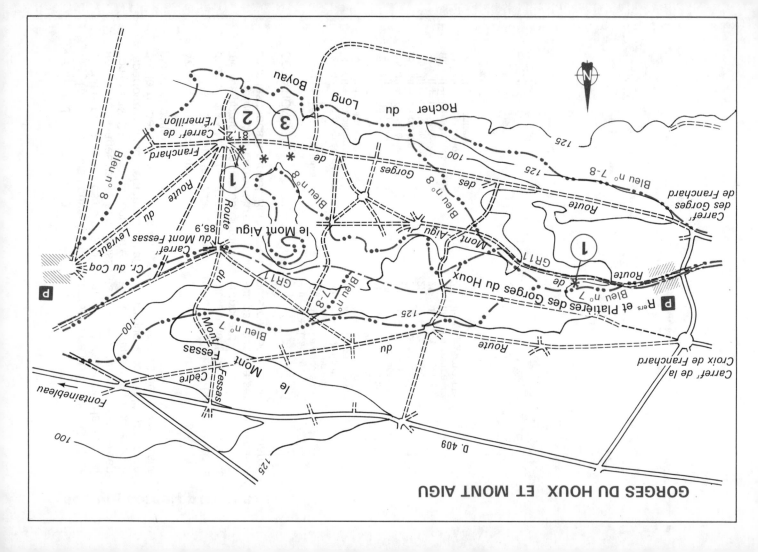

GORGES DU HOUX (18) ET MONT AIGU (19)

Il s'agit de petits chaos situés en flanc sud dans un cadre forestier typique du Fontainebleau des grimpeurs. Le massif des Gorges du Houx, le moins étendu, n'a permis la création que d'un seul circuit. En revanche, trois circuits ont été tracés au Mont Aigu.

Un point d'histoire : le sentier Bleu n° 8 « hélicoïdal » fut l'un des premiers équipements touristiques de la forêt. De même, le premier sentier « sportif » de Fontainebleau (C.R.A.P.A.) a été créé à proximité (départ au carrefour du Coq).

Les blocs situés sous la couverture de pins maritimes clairsemés sèchent inégalement après la pluie.

ACCÈS AUX MASSIFS

En voiture : pour les Gorges du Houx : de l'autoroute A 6, rejoindre la N 7. 4 km plus loin, prendre à droite la Route Ronde (D 301). Stationner sur la gauche de cette route 300 m après la Croix de Franchard. De là, suivre le GR11 vers l'est sur 400 m environ. Le départ du circuit se situe sur la gauche du thalweg parcouru par le sentier.

Pour le Mont Aigu : continuer à suivre la N 7 jusqu'au carrefour de la Libération (entrée de Fontainebleau), où l'on prendra sur la droite la route de Milly-la-Forêt (D 409) sur 300 m. Tourner à gauche en direction de la maison forestière de la Faisanderie. On rejoint alors le carrefour du Coq à proximité. Y stationner.

A pied : pour les Gorges du Houx, de Fontainebleau suivre le GR11 sur 4 km jusqu'au départ du circuit situé sur la droite du sentier (nord). Pour le Mont Aigu, quitter le GR11 après 1,5 km au carrefour du Mont Fessas, prendre la route du Mont Fessas qui conduit au carrefour de l'Émerillon. De là, par la route du Levreau, ou par le sentier sportif, rejoindre le carrefour de l'Émerillon (900 m).

LES CIRCUITS

GORGES DU HOUX

- **Jaune** *PD* – n° **1** : 21 numéros + 1 *bis*. Auteur : Pierre Bontemps, du C.A.F. Circuit d'initiation peu soutenu.
  Départ : sur un bloc en bordure du GR11.

MONT AIGU

- **Jaune** *PD* – n° **2** : 26 numéros. Auteur : Pierre Bontemps, du C.A.F. La première partie est technique, intéressante et variée. Départ : du carrefour de l'Émerillon, prendre un sentier en direction du nord-ouest. Laisser à droite le circuit Orange n° 1. 30 m plus loin, obliquer à gauche (ouest) par un bon sentier horizontal. Le départ du circuit Jaune se trouve en bordure du sentier, 80 m plus loin, sur la droite.

115

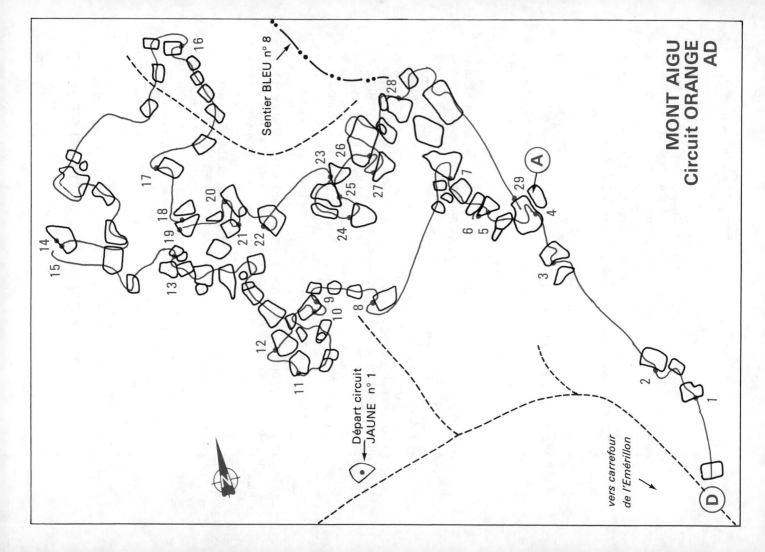

MONT AIGU
Circuit ORANGE
AD

Sentier BLEU n° 8

Départ circuit
JAUNE n° 1

vers carrefour
de l'Emérillon

- **Bleu *TD* – n° 3** : 56 numéros. Auteurs : Pierre Odru, José Gros et des camarades du R.S.C.M.

  De longueur moyenne, c'est un circuit qui vaut plus qu'une visite (le plus beau du Mont Aigu). La première moitié, plus facile, est à coter *D*.

  Départ : du carrefour de l'Émerillon, suivre vers l'ouest la route des Gorges de Franchard. A 300 m, prendre à droite le sentier Bleu n° 8. Le départ se trouve sur un rocher en bordure à droite, 20 m plus loin.

- **Circuit Orange *AD* n° 1**

  Ce circuit, assez court et peu soutenu, présente néanmoins de beaux passages. C'est l'un des circuits classiques d'entraînement des Bellifontains, qui est rapidement en condition après la pluie.

ACCÈS AU CIRCUIT

Du carrefour de l'Émerillon, prendre un sentier en direction du nord-ouest. Le départ se trouve sur un beau bloc 50 m plus loin en bordure de ce sentier.

COTATIONS

D	II +		14	II
1	II –		15	II +
2	III		16	III +
3	III		17	III +
3b	III +		18	II +
4	III		19	IV
4b	III +		20	II
5	III +		21	III
6	III +		22	II
7	II +		23	III
8	II		24	III +
9	III		25	III +
9b	II –		25b	III +
10	IV		26	II
11	III +		27	III
12	III –		28	III
13	III		28b	IV
13b	III –		29	II +

Remarque : l'arrivée gravit l'imposante roche Plutus.

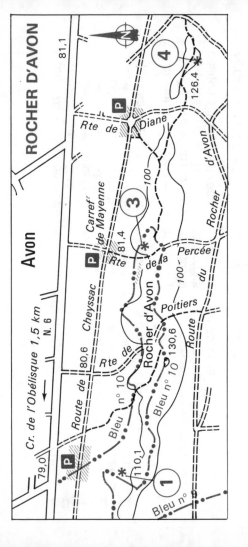

ROCHER D'AVON (20)

Le Rocher d'Avon a été décrit dans les guides d'escalade pour « ridiculiser » le nom donné à l'un des plus hauts blocs du massif (8 m) : la Dame Jeanne d'Avon, bien modeste en regard de sa grande sœur de Larchant. Le massif est constitué d'une grande crête parsemée de blocs épars, souvent très boisée, avec quelques points de vue remarquables sur Fontainebleau. A éviter par temps humide.

ACCÈS AU MASSIF

En voiture : rejoindre le carrefour de l'Obélisque à Fontainebleau (N 6, D 58, N 7, N 152). Prendre alors la N 6 en direction de Sens. Les circuits s'étendent à droite de la N 6 (sud).

A pied : de la gare de Fontainebleau, rejoindre le sentier Bleu n° 10 au niveau du camp du Bréau et le suivre vers le sud.

LES CIRCUITS

• **Jaune *PD* n° 1** : 10 numéros *+ 2 bis*. Auteur : Robert Christe. Petits blocs épars. Peu soutenu.

Départ : 1,4 km après l'Obélisque de Fontainebleau, prendre à droite la route d'Estrée. Stationnement à l'intersection de la route de Cheyssac. Le départ se situe au bord du sentier Bleu n°10, sur la butte 110, 1 (I.G.N.) à 200 m au sud.

• **Orange *AD* – n° 3** : *cf.* page 121.

• **Bleu *AD* n° 4** : 10 numéros. Auteur : Robert Christe. Long, athlétique et fastidieux.

Départ : 2,7 km après l'Obélisque, prendre à droite la route de Diane jusqu'à la route de Cheyssac. Y stationner. Continuer vers le sud jusqu'au petit col. Le départ se trouve sur la crête, 150 m à l'est.

ROCHER DES DEMOISELLES (21)

Les anciens guides nommaient ce massif « la roche aux Putains ». Les champs de tir et de manœuvre sont à proximité, ainsi que la route du Bonheur, le carrefour aux Soupirs... Le site du Rocher des Demoiselles, c'est l'alliance de pins, de bouleaux, de rochers, de vallons ombragés et l'expérience d'une escalade variée, parfois aérienne.

ACCÈS AU MASSIF

En voiture : du carrefour de l'Obélisque, prendre la N 152 en direction d'Ury (sud-ouest). Stationner en bordure de la route 2,5 km plus loin, à l'extrémité du champ de manœuvre (sur la gauche, 500 m après le pont de l'aqueduc).

– *A pied :* de Fontainebleau et du carrefour de l'Obélisque, le GR13 ou le sentier Bleu n° 9 conduisent en 3 km au carrefour de Vénus, d'où l'on suit la route de Valmy vers l'ouest jusqu'au carrefour de la plaine du Mont Morillon.

LE CIRCUIT

- **Orange AD – n° 1 :** *cf.* page 123.

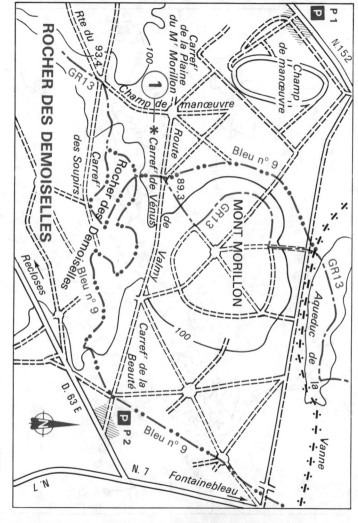

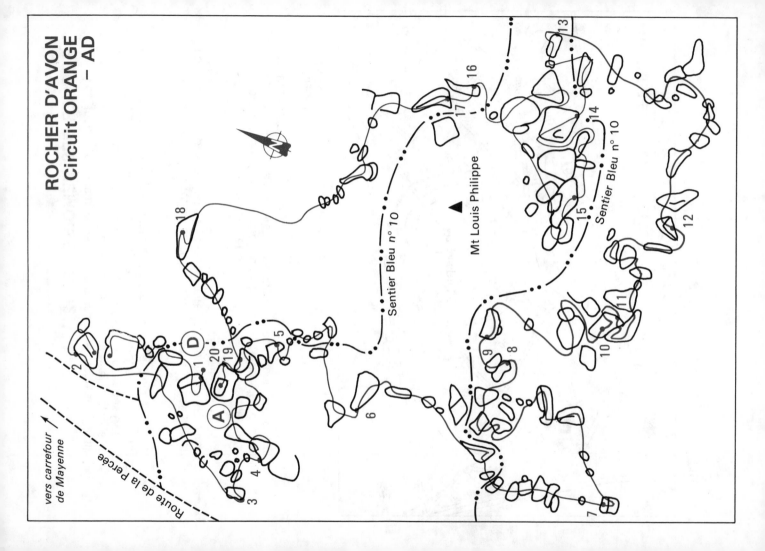

Rocher d'Avon

• **Circuit Orange AD — n° 3**

C'est un beau circuit, tracé par Robert Christe, qui parcourt le groupe près de la Dame Jeanne d'Avon. Il est varié, homogène et technique et sèche très vite après la pluie. Quelques voies difficiles sont repérées par des triangles jaunes ou orange.

ACCÈS AU CIRCUIT

2,3 km après l'Obélisque de Fontainebleau, prendre à droite la route de la Percée ; stationner au carrefour de Mayenne. Poursuivre vers le sud sur 100 m, prendre à gauche le sentier Bleu n° 10, qui conduit au départ, situé sur un bloc au pied de la Dame Jeanne d'Avon.

COTATIONS

1	III —	L'angle	12	III —	La Claudie
2	II —	La dalle en pente	13	III —	Le toboggan
2b	II —	La dalle à gauche	13b	III —	L'élégant
3	II —	La sentinelle	14	II —	L'arête verte
4	III —	Les dentelles	14b	IV —	Le jeu de dalles
5	II +	Le petit Grépon	14t	IV —	
6	II +	La roche feuilletée	15	IV —	La pénible
7	II +	Le petit Dru	16	IV —	L'étrave
8	III —	Le réta	17	III —	La fresque
8b	II +	L'hérétique	18	III —	Le zigzag
9	III —	Le grand boulevard	19	II +	La dalle au gratton
10	III —	La tangente	20	II +	La Dame Jeanne
11	II +	L'adhérence			

N.B. — Signalons un très beau point de vue vers le sud, 100 m à l'est du n° 13.

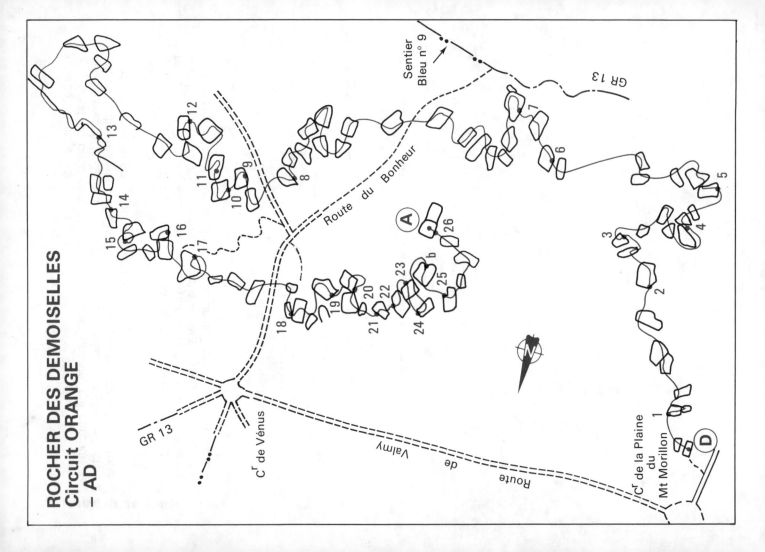

ROCHER DES DEMOISELLES
Circuit ORANGE
– AD

• **Circuit Orange AD n° 1**

Ce circuit est relativement long. La première partie, très ombragée et quelque peu moussue, fait découvrir malgré tout de beaux passages. Le restant du circuit, de difficulté plus élevée, présente de magnifiques passages avec quelques pas d'adhérence délicate sur de belles dalles parfois exposées et deux ou trois surplombs élégants sur un magnifique grès jaune et compact.

A signaler les superbes panoramas visibles de la Roche volante n° 7 et d'Euryale n° 23.

ACCÈS AU CIRCUIT

Du parking, rejoindre, à l'extrémité sud du champ de manœuvre, une petite sente qui conduit en 50 m environ à la route de Valmy, que l'on suit sur la gauche (est) jusqu'au carrefour de la plaine du Mont Morillon. Prendre alors la route du champ de manœuvre sur la droite (sud) sur 40 m, puis une sente à gauche (est) conduit au départ du circuit.

Retour : de l'arrivée, revenir en arrière en suivant le sentier Bleu, qui descend et rejoint la route du Bonheur, que l'on prend sur sa gauche (nord) jusqu'au carrefour de Vénus, où l'on retrouve la route de Valmy.

COTATIONS

1	III —	La Bellone
2	II —	Ino
3	II +	Léda
4	III	La roche Médée
5	III —	Phèdre
6	III —	Salomé
7	III —	La Roche volante
8	III	Ève
9	III —	Les Danaïdes
10	II —	Les Érynnies
11	III —	La grande arête
12	III	Pélopia
13	IV +	Le rempart (traversée)
14	III	Éros

15	III +	Sénélé
16	II +	Perséphone
17	III +	Nausicaa
18	III —	Les Harpies
19	III —	Pandôra
20	III	Phylira.
21	IV —	Io
22	III	La Méduse
23	III —	Euryale
23b	III —	Éos
24	III	Sthéno
24b	III	Le dièdre oublié
25	III	Le dièdre inversé
26	II +	Hélié

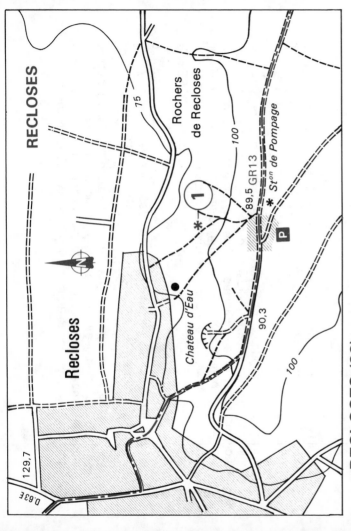

RECLOSES (22)

Dominé par le village de Recloses, c'est un petit massif d'intérêt secondaire, sur le flanc nord de la vallée de Malvoisine. Il est rendu très moussu par la présence d'une végétation abondante.

- **Circuit Orange *AD* – n° 1**

C'est un circuit inégal et quasiment oublié.

ACCÈS AU CIRCUIT

En voiture : de l'autoroute A 6, rejoindre le carrefour de l'Obélisque à Fontainebleau (16 km). Suivre la N 7 vers le sud sur 2 km et prendre en oblique à droite la D 63E qui conduit à Recloses. Arrivé au carrefour principal du village, prendre la rue des Canches sur la gauche (est). Stationnement difficile au niveau du départ du « Chemin du village au puits », qui conduit en 180 m vers le sud (descente) au départ du circuit, en bordure gauche de la sente.

A pied : de la gare de Bourron-Marlotte, rejoindre le GR13 par son diverticule ; le suivre d'abord vers le nord puis vers l'ouest. Au niveau d'une station de pompage caractéristique, suivre un chemin en oblique à droite sur 50 m (ligne électrique) puis une sente encore en oblique à droite conduit au départ du circuit (bloc à droite).

Signalons que la Grande Sablière, à proximité de Recloses, mérite le détour (suivre le GR13).

124

Bourron-Marlotte

RESTANT DU LONG ROCHER (23)

Beau massif dans une magnifique zone forestière tranquille, souvent humide l'hiver.

ACCÈS AU MASSIF

En voiture : de l'autoroute A 6, rejoindre le carrefour de l'Obélisque de Fontainebleau. Prendre alors la D 58 en direction de Bourron-Marlotte. A l'entrée du village, prendre à gauche (est) devant la Maison Forestière la route forestière de la Grande Vallée puis, 300 m plus loin en oblique à gauche, la route forestière de la Plaine Verte jusqu'à une zone de stationnement au niveau de la Plaine Verte.

A pied : de la gare de Bourron-Marlotte, traverser le village jusqu'à la Maison Forestière de la Grande Vallée et suivre ensuite l'itinéraire précédent.

LES CIRCUITS

- **Orange AD n° 1 :** *cf.* page 127.
- **Vert AD n° 2 :** 12 numéros. Peu soutenu et difficile à suivre.

Départ : de la Plaine Verte, suivre la route du même nom vers l'est. 150 m plus loin, prendre le sentier Bleu n° 11 vers la droite (sud-est). Le départ est une cheminée caractéristique dont le fond est parcouru par le sentier.

- **Rouge TD – n° 3 :** *cf.* page 129.

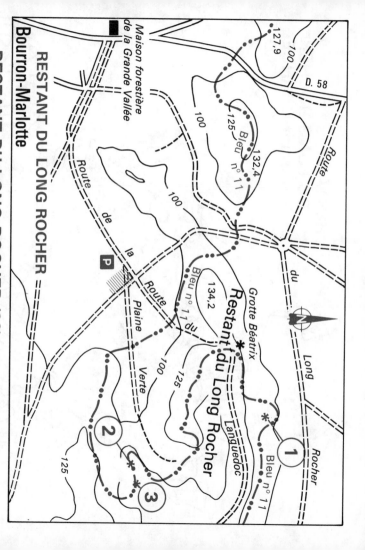

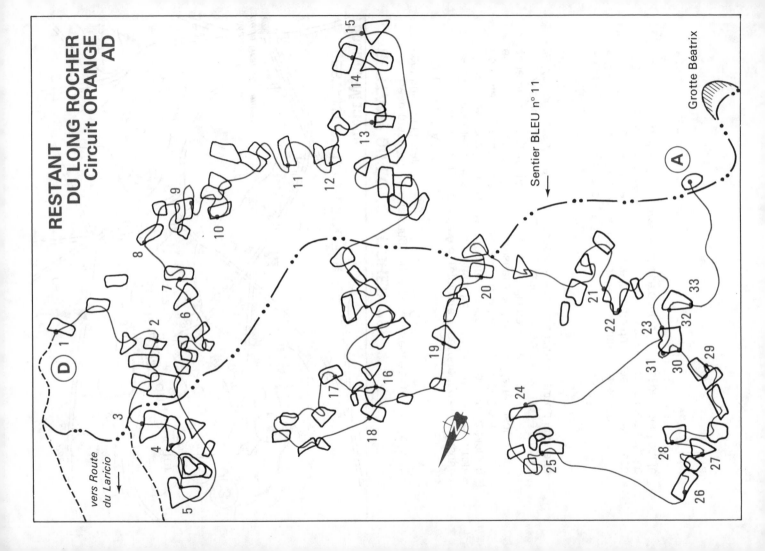

• Circuit Orange AD n° 1

Initialement tracé en rouge par Alain Filippi et Michel Lalarme, ce circuit a été repeint en orange. Il exploite les blocs du versant nord, le long du sentier Bleu n° 11 et à proximité de la grotte Béatrix.

De niveau moyen AD, avec un début PD, il présente de beaux passages techniques, en général peu exposés, dont certains — assez originaux — se déroulent sur du grès à ciment calcaire (beaucoup de trous pour les doigts). D'autres blocs imprégnés d'oxyde de fer, sont d'un superbe rouge ocre qui donne à ce massif une ambiance spécifique.

ACCÈS AU CIRCUIT

De la Plaine Verte, suivre la route du Languedoc vers le nord jusqu'au sentier Bleu n° 11, que l'on rejoint au niveau de la grotte Béatrix. De cette grotte, le suivre vers l'est sur 250 m environ jusqu'à son point le plus bas ; le départ se trouve 30 m plus haut sur la droite (sud).

Ce circuit jouxtant une zone d'un intérêt écologique et botanique certain, le CO.SI.ROC. et l'Association des Naturalistes du massif de Fontainebleau (qui peut fournir aux personnes intéressées par les observations des renseignements à l'adresse suivante : 21, rue Le Primatice, 77300 Fontainebleau) demandent aux grimpeurs de suivre scrupuleusement le tracé du circuit sans couper à travers bois, pour éviter toute destruction du milieu naturel.

COTATIONS

1	II+	17	III+
2	II−	18	III+
3	II−	19	IV−
4	II+	20	III−
5	II+	21	III−
5b	III+	22	III−
6	III	23	II+
7	IV−	24	III
8	III	25	IV
9	III	26	IV
10	III	27	II−
11	III	28	IV−
12	IV+	29	II+
13	IV−	30	III−
14	II	31	II
15	II	32	IV
16	III−	33	III+

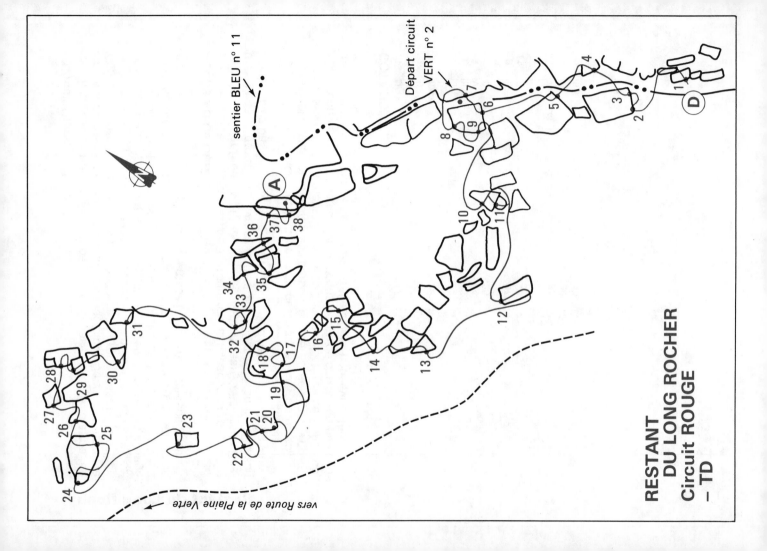

**RESTANT
DU LONG ROCHER
Circuit ROUGE
– TD**

• Circuit Rouge TD – n° 3

Ce circuit, tracé par Alain Filippi en 1975, est varié, technique et parfois exposé. Il parcourt le flanc sud d'un chaos bien dégagé et revient donc vite en condition après la pluie. On peut s'étonner, vu l'intérêt des passages et des conditions souvent favorables, de la faible fréquentation de ce circuit.

ACCÈS AU CIRCUIT

De la Plaine Verte, suivre la route du même nom vers l'est. 150 m plus loin, prendre le sentier Bleu n° 11 vers la droite (sud-est). Le départ se trouve à côté de la grotte Kosciuszko, en bordure droite du sentier Bleu.

COTATIONS

1	V–	Le dé	20	V+	Le pascalien
2	V–	L'angle	21	VI	L'impossible
3	V–	Le portique	22	V–	L'hypothénuse
4	V–	Les colonnes	23	IV	L'arête
5	IV+	Le bleu	24	IV	La fissure
6	IV+	Le toit	25	IV+	L'artif
7	V	La chamoniarde	26	IV	Le numide
8	IV+	La fiole	27	III	Le relax
9	IV	La banquette	28	V–	L'inversée
10	V–	Le triangle	29	IV	La voûte
11	V–	La dalle	30	IV	Le petit
12	III+	La super-dalle	31	IV+	La gouttière
13	V–	Les biceps	32	VI	Le problème
14	V+	Les lames	33	V	L'hétéroclite
15	IV–	Le gruyère	34	IV	Le bras
16	IV	L'avancée	35	V–	L'Hercule
17	IV	Le gratton	36	IV+	La prise
18	IV+	Le super-gratton	37	IV+	Le mur
19	V	L'hyper-gratton	38	IV+	Le plateau

129

Restant du Long Rocher

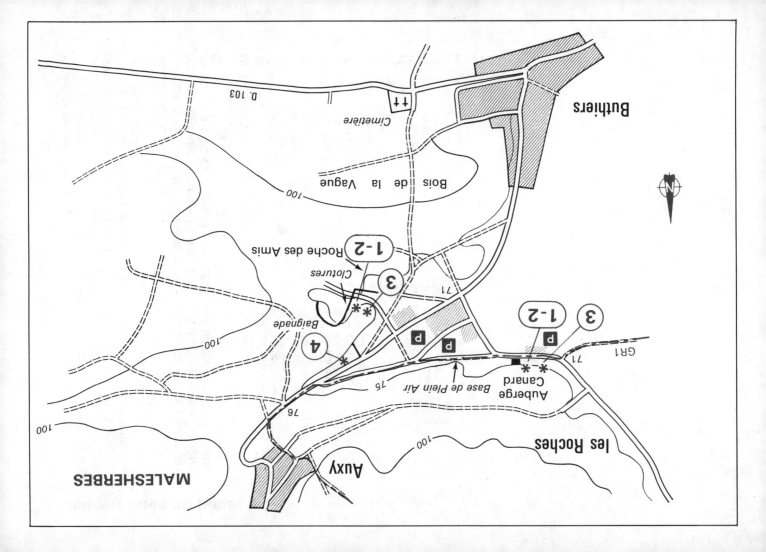

MALESHERBES (24)

Dernier relief avant les grandes plaines de la Beauce, formé de plusieurs chaos de magnifiques blocs, le site de Malesherbes-Buthiers a été sauvé de la privatisation par la création de la base de loisirs et de plein air de Buthiers.

Traditionnellement, les grimpeurs ont subdivisé ce massif en deux groupes séparés par la route de Buthiers à Auxy : Malesherbes Canard au nord et Malesherbes Sud.

ACCÈS AU MASSIF

En voiture : le plus rapide est de suivre l'autoroute A 6 jusqu'à la sortie d'Ury (péage). Prendre à droite la N 152 direction de La Chapelle-la-Reine et Malesherbes. 1 km après la jonction avec la D 410 qui vient de Milly (descente), tourner à gauche en direction de la base de plein air de Buthiers. Parking P1 devant l'Auberge Canard situé en bordure gauche de la route et P2 sur les parkings de la base de plein air, environ 250 m après P1.

À pied : de la gare de Malesherbes, suivre le GR1 (est) sur 1,5 km jusqu'à l'Auberge Canard.

LES CIRCUITS

MALESHERBES CANARD (24/1)

La corde est souvent indispensable dans ce massif. Les rochers recouverts de lichen deviennent très vite glissants par temps humide.

- **Jaune F +/PD – n° 2** : 29 numéros. Auteur : Dominique Chauvet.

Monotone et quelquefois exposé.

Départ : sur un bloc situé immédiatement à gauche de l'Auberge Canard (P1).

- **Vert** *AD+* **n° 3** : 40 numéros. Auteurs : D. Chauvet et M. Rey. Très beau circuit souvent exposé et très technique.

  Départ : sur un bloc situé en bordure de la route, environ 40 m à gauche de l'Auberge Canard (P1).
- **Bleu** *D+* **n° 1** : *cf.* page 135.
- **Noir** *ED –/ED* **n° 4** : en cours de création.

MALESHERBES SUD (24/2)

Les rochers sont en général moins hauts et les chutes meilleures que dans le groupe précédent. Situés dans une zone assez dégagée, ils sèchent rapidement après la pluie. Cette partie, autrefois fort sympathique, est malheureusement défigurée par la piscine et sa clôture.

- **Vert** *AD* **– n° 1** : 50 numéros. Auteurs : MM. Pellé et Schénone. Intéressant, varié et parfois un peu exposé.

  Départ : de P2, rejoindre l'entrée de la piscine (panneau). Départ sur le bloc situé juste à gauche.
- **Bleu** *D+* **n° 2** : 42 numéros. Il reprend les principaux rochers de l'ancien circuit Bleu peint par MM. Pellé et Schénone. L'escalade y est très variée, soutenue et parfois exposée.

  Départ : sur le même bloc que le circuit vert *AD* — n°1.
- **Rose** *TD+* **n° 4** : 36 numéros. Escalade intéressante, variée et technique sur de grands blocs d'où la chute est généralement bonne.

  Départ : de P2, suivre la route d'Auxy sur 300 m environ. Départ sur un bloc qui est situé juste en bordure, à droite.
- **Circuit Noir** *ED* **n° 3** : 39 numéros + 18 *bis.*

  Tracé initialement par Alain Michaud du R.S.C.M., ce circuit a été repeint et modifié (l'ancien départ et les premiers numéros se trouvent maintenant dans la zone clôturée autour de la piscine) par Yves Payrau. C'est un très beau circuit technique, en général très athlétique. Il est parfois exposé sur des blocs souvent hauts dont le grès parfois fragile comme dans les massifs de la région sud demande une certaine attention. Ce circuit ne comprend malheureusement pas de rocher intermédiaire.

  Départ : de P2, le départ se trouve en bordure gauche du chemin qui conduit à la piscine, environ 50 m avant l'entrée de celle-ci.

La Dame-Jouanne. ▲

132

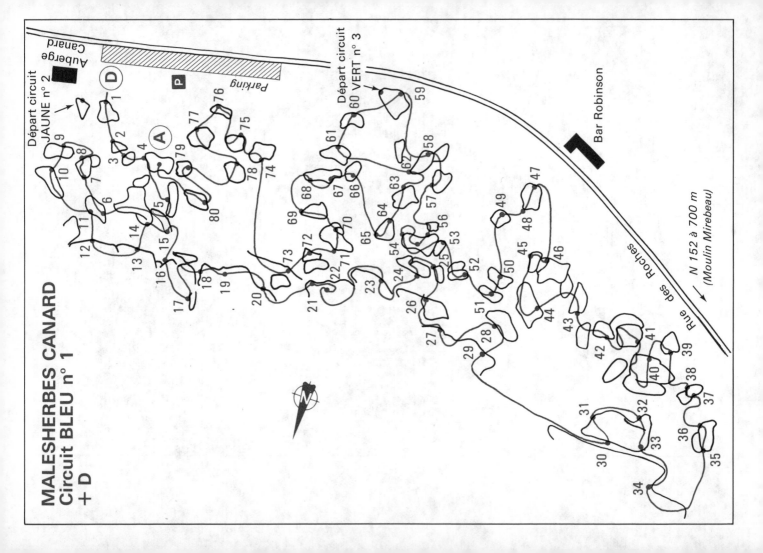

MALESHERBES CANARD
Circuit BLEU n° 1
+ D

• Circuit Bleu D+ n° 1

Ce circuit, qui reprend divers passages des anciens circuits Rouge, Jaune et Vert, a été peint par D. Chauvet et M. Rey, animateurs à la base de loisirs de Buthiers. Il est long, varié, technique, parfois exposé, les blocs étant souvent très hauts (corde utile pour l'assurage).

ACCÊS AU CIRCUIT

De P1, sur un bloc situé immédiatement à proximité à l'ouest de l'Auberge Canard.

COTATIONS

1	IV −	
2	III −	
3	III −	
4	III −	Les trois bosses
5	V −	La gauche des baquets
6	IV −	Le yogui
7	III −	Le boudin
8	V −	
9	IV −	La fissure Canard
10	IV −	La brasse-papillon
11	IV +	
12	IV +	La godasse
13	III −	L'oblique de la grotte
14	IV −	La savate
15	IV −	
16	IV −	
17	II −	Sésame
18	III −	La gauche du bourrelier
19	III −	
20	III −	
21	IV −	
22	IV +	La zigzag
23	IV +	La revêche
24	IV −	
25	IV −	Les 2
26	IV −	
27	IV −	
28	V −	
29	V −	Le curieux
30	II +	
31	II +	La fissure à Moi
32	IV +	
33	IV +	
34	IV +	La fissure verte
35	III +	
36	III −	
37	IV −	La face
38	III −	La pile
39	III −	
40	IV −	

41	IV −	
42	IV −	La tour deux bras
43	III −	
44	III −	
45	IV −	
46	III −	
47	III +	Le Robinson
48	II −	
49	III −	Le Vendredi
50	IV +	Le Crusoé
51	IV +	
52	IV −	
53	IV −	
54	III +	
55	III +	
56	IV −	L'homme-serpent
57	II −	
58	III −	
59	III +	
60	IV −	La dalle du téton
61	IV −	
62	III +	
63	IV −	Le surplomb du tour
64	III +	Le surplomb d'enfer
65	IV −	
66	IV −	
67	V −	
68	IV +	La dalle Richard gauche
69	II −	Le Sapino
70	IV −	La dalle sud de l'échu
71	II −	La dalle nord de l'échu
72	IV −	
73	V −	La débandade
74	IV −	
75	IV −	La tour du petit Canard
76	IV −	L'apéritif
77	III +	La dalle au lit
78	IV −	Les 2 chevaux
79	IV −	
80	IV +	La conductrice

Malesherbes

DAME JOUANNE-MAUNOURY (25)
ÉLÉPHANT (26)

Ce massif, situé dans le golfe de Larchant, est mondialement connu en raison de la Dame Jouanne, le plus haut rocher de Fontainebleau (15 m), et d'un circuit Mauve tracé dès 1948. Les grimpeurs ont pour habitude de diviser ce massif en trois groupes : la Dame Jouanne, le Maunoury et l'Éléphant. Ces groupes de caractéristiques voisines sont bien dégagés ; la Dame Jouanne, clairsemée de grands pins, offre en plus une ombre fort appréciée l'été. Les rochers et les passages sont en général hauts. L'escalade, de style assez athlétique, s'effectue sur de grosses prises bien marquées.

Dans tous ces groupes, l'exposition des rochers nécessitera l'usage d'une corde pour les débutants.

Mis à part ces trois massifs principaux, il existe de nombreux petits groupes qui peuvent prêter à l'escalade, notamment au cours d'une randonnée. Le CO.SI.ROC. et l'O.N.F. demandent qu'il n'y soit tracé aucun balisage.

Certaines soirées d'été, la présence de moustiques, due à la proximité du marais de Larchant, peut rendre le séjour très désagréable.

ACCÈS AU MASSIF

En voiture : par l'autoroute A 6, sortir à Ury (péage). Prendre à droite la N 152 jusqu'à La Chapelle-la-Reine. Tourner à gauche, en direction de Larchant-Nemours. Traverser Larchant et, peu avant la sortie du village, un panneau marqué « Dame Jouanne », sur la gauche, indique la direction à suivre : route de Villiers-sous-Grez. 800 m plus loin, stationnement P1 soit en bordure de la route à la hauteur de barrières O.N.F., soit dans une petite clairière à droite, 20 m environ après un mur délabré. Pour P2, poursuivre la même route sur 1 km et tourner à droite. Le stationnement est possible immédiatement après le Chalet Jobert.

A pied : de la gare de Nemours, rejoindre Larchant soit par la D 16, soit par le GR13 (beaucoup plus joli mais plus long).

LES CIRCUITS

DAME JOUANNE (25/1)

• **Jaune** *PD* n° 2 : 110 numéros. Auteur : Daniel Taupin du G.U.M.S. Ce circuit très long, très varié et technique est souvent exposé ; une corde sera utile pour l'assurage.

Départ : *cf.* circuit Mauve page 139.

• **Mauve** *AD+* n° 1 : *cf.* page 139.

136

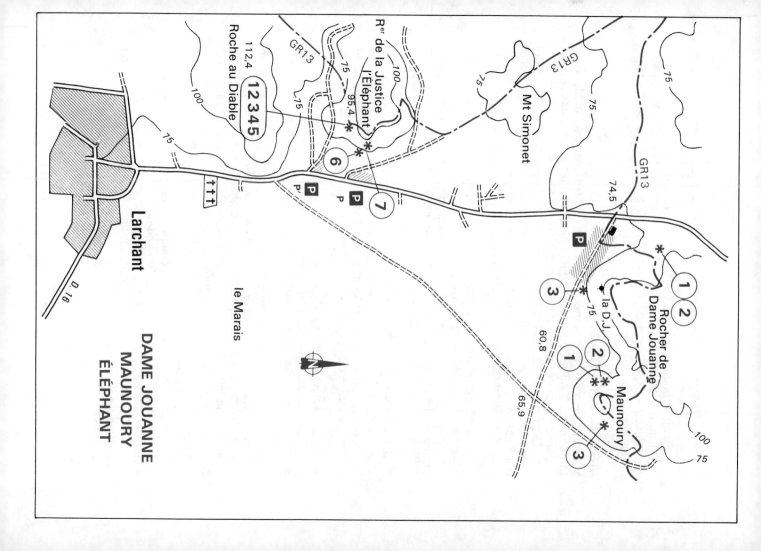

- **Rouge** *TD* – n° **3** : 46 numéros. Tracé par Claude Vigier et Philippe Grézat.

Beau circuit, technique, varié mais souvent exposé.

Départ : de P2, suivre le chemin forestier vers l'est sur 200 m environ jusqu'au gros bloc dit La Fourche, à proximité sur la gauche. Départ face est.

MAUNOURY (25/2)

- **Vert** *AD* – n° **1** : non numéroté. Auteurs : Pierre Chambert et Maurice Martin, du C.A.F. Bon circuit d'initiation à l'exposition, assez peu soutenu mais présentant des passages techniques et variés.

Départ : de P2, suivre le chemin forestier vers l'est ; passer une zone marécageuse et, 100 m plus loin, prendre un sentier sur la gauche qui longe le bord ouest du pignon du Maunoury. Départ sur un gros bloc situé à droite du sentier 200 m plus loin (érosion intense au pied de ce rocher).

- **Bleu/vert** *AD* n° **3** : non numéroté. Actuellement assez effacé. Quelques passages intéressants mais inégaux.

Départ : le fléchage du début ayant disparu, on trouvera les premiers signes sur le rebord est du sommet du Maunoury.

- **Bleu** *D* – n° **2** : *cf.* page 143.

ÉLÉPHANT (26) (Rocher de la Justice)

- **Jaune** *PD* – n° **6** : non numéroté. Circuit d'initiation.

Départ : de P1, prendre le chemin forestier vers le nord-ouest ; le départ se situe à 60 m environ de la barrière, sur un petit bloc à gauche du chemin.

- **Orange** *AD* n° **1** : 44 numéros + 2 *bis*. Ce très long et très beau circuit est un des grands classiques de Fontainebleau. Offrant des passages de toutes sortes, parfois exposés, c'est un excellent circuit d'endurance.

Départ : de P1, prendre un chemin vers l'ouest qui conduit en 250 m au départ sur le bloc à droite immédiatement après l'Eléphant.

- **Bleu** *D* n° **3** : 84 numéros. Auteur : Antoine Melchior, du G.U.M.S. Très beau et très long circuit d'escalade comparable au circuit orange *AD* n° 1, mais de difficulté supérieure. Les passages sont souvent athlétiques, avec néanmoins de bonnes prises. Le rocher, quelquefois friable, nécessite de l'attention.

Départ : de P1, prendre un chemin vers l'ouest qui conduit en 250 m au rocher caractéristique de l'Eléphant. Départ sur sa face sud.

- **Rouge** *TD* n° **7** : non numéroté. Auteur : Charles Deneux.

Ce circuit très irrégulier exploite les flancs est et nord du Rocher de la Justice ; il est parfois exposé.

Départ : de P1, rejoindre le départ du circuit Jaune *PD* – n° 6.

Continuer tout droit sur une cinquantaine de mètres en montant. Le départ se trouve à mi-hauteur de la pente. Il sera prochainement rapproché de l'Eléphant.

- **Vert TD n° 2 :** cf. page 145.
- **Noir ED – n° 5 :** 40 numéros + 2 bis. Auteur : Antoine Melchior, du G.U.M.S. Très varié et parfois très exposé, il demande de solides qualités techniques et athlétiques.

Départ : de P1, prendre un chemin vers l'ouest qui conduit en 250 m au départ sur le bloc de l'Eléphant.

- Il existe un circuit Blanc facile pour enfants dans la zone du Rocher de l'Eléphant (cf. notes page 17).

DAME JOUANNE

- **Circuit Mauve AD+ n° 1**

C'est un circuit de difficulté moyenne, bien qu'il soit délicat de lui donner une cotation précise. Les passages de III et III + sont nombreux et on trouve même des passages de IV — et de IV. Il convient d'insister sur la longueur du circuit plutôt que sur sa difficulté : « C'est de loin le plus long circuit de Fontainebleau », disait Maurice Martin.

C'est un excellent circuit d'entraînement et de test pour la forme physique, puisqu'il présente une succession de 200 montées, descentes, traversées totalisant 1 500 à 2 000 m d'escalade. « Exercice de résistance mais aussi exercice de tête, disait encore Maurice Martin, car les chutes sont mauvaises. » Et d'ajouter : « A mes yeux, ce défaut sera une qualité : il s'agit essentiellement d'un jeu, mais, pour la plupart des grimpeurs, d'un jeu d'entraînement à la montagne, et, à la montagne, il est rare que la petite plage de sable vous attende à quelques mètres du départ ! »

Maurice Martin poursuivait ainsi sa présentation du circuit : « Dans la difficulté dans laquelle le circuit évolue, un grimpeur moyen possédant déjà du "métier" devra être pratiquement toujours en sécurité ; on ne doit pas avoir à sauter dans le III Bleau, et à de très rares exceptions près les quelques pas de IV du circuit ne sont pas exposés. L'exposition générale du circuit sera, de plus, une justification à l'utilisation de la corde pour des cordées non homogènes et, lorsqu'on voit certains grimpeurs de Bleau dans le II et même le III avec leurs anneaux à la main dans une course en montagne, on peut à bon droit penser qu'il ne s'agirait pas là d'exercices inutiles... »

ACCÈS AU CIRCUIT

De P2, prendre un sentier plein nord (GR13) qui traverse une clairière et remonte un vallon (ravinement) en appuyant sur la gauche sur 250 m. Tirer à gauche vers une grande dalle verticale caractéristique (Dalle de Feu) — départ du Jaune n° 2 légèrement en retrait sur un petit bloc à gauche — celui du Mauve se trouve 70 m plus à l'ouest.

139

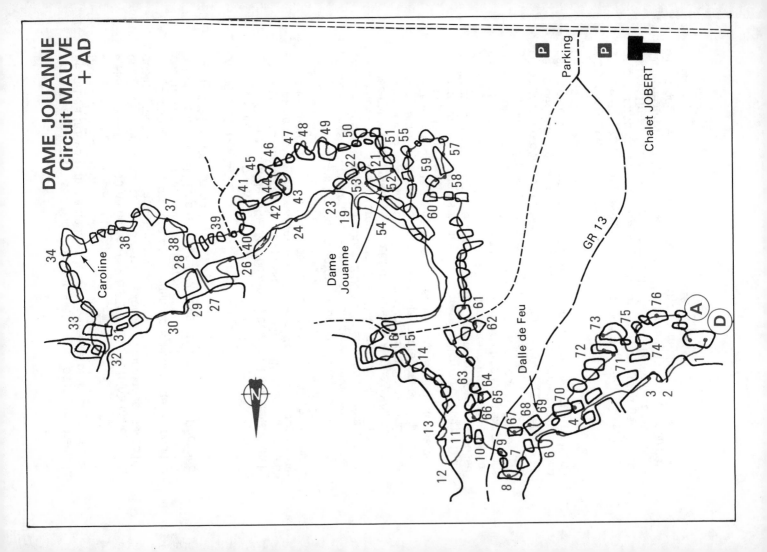

DAME JOUANNE
Circuit MAUVE
+ AD

COTATIONS

Dame Jouanne

N°	Cotation	Voie
1	II	Le réta du pof
2	II	Le mur à Jules
3	III+	La traversée du fada
4	IV	La mine aux demis
5	III—	La cheminée du gruyère du requin
6	III	Le genévrier
7	II	Le rocher bouffé aux mites
8	III	La traversée du temple
9	III+	La traversée du rocher rond
10	III—	L'accès au Simplon
11	III	Le rateau de chèvre
12	III	La fissure à Tom
13	III+	La traversée verte
14	III+	L'angle des J3
15	III	La takouba
16	IV—	Le réta vicelard
17	III—	La traversée du jardin
18	III	La fissure à pipi
19	II—	La boîte aux lettres
20	IV—	La tubulaire
21	II	La voie cassée
22	III+	Les assiettes
23	III	La paroi aux trois grottes
24	IV—	La pesée
25	IV—	Le dièdre baveux
26	IV	La patinoire
27	III	Le coude désossé
28	III+	Le n° 1 de la dalle aux pigeons
29	III+	La muraille de Chine
30	III+	La muraille de Chine (suite)
31	IV—	Les grattons du french-cancan
32	III	La voie des lacs
33	III	La voie qui mérite un numéro
34	III	Les trous de gauche de la Caroline
35	III	La forêt vierge
36	II	Les grattons des petits enfants
37	III+	Les maquereaux au vin blanc
38	IV	L'envolée du tank
39	II+	La fissure des dames
40	III—	Le mur de la gitane
41	III—	Les oreilles de cocu
42	II	Le rocher du gaulois
43	III	Le mur des préliminaires
44	IV—	La fissure Souverain
45	IV	L'angle sud-ouest de la calanquaise
46	III—	La balançoire
47	III+	La goulotte de la rampe
48	III+	Les tripes à Géo
49	III—	La face sud de l'hippopotame
50	II	La tour de Pise
51	III	L'arête de Larchant
52	III+	La voie du cheval
53	III+	Le rocher de la dalle aux Mathieux
54	II	Le rocher du tremblement de terre
55	III	L'empruntée
56	III—	La fissure sud de l'Ours
57	III+	L'arête nord-ouest de l'Ours
58	III	La face à main
59	IV—	La dalle Brégeault
60	III+	Le rateau de bouc
61	III+	La fausse glissière
62	III+	Le parapluie
63	III	Le cache Baba
64	III	Le Baba coulant
65	III+	La dalle du radio circus
66	III	La traversée du Rigoulot
67	III	La dalle de feu
68	III	Le rocher du jeune marié
69	III—	Le pas de Barbe-Bleue
70	III	La traversée du petzouille
71	III+	Le pas de la chaise électrique
72	III+	La traversée à Mimiche
73	IV	La face nord du petit Minet
74	III	L'arête de la petite noire
75	III	La traversée du tourniquet
76	III+	La fissure des dames

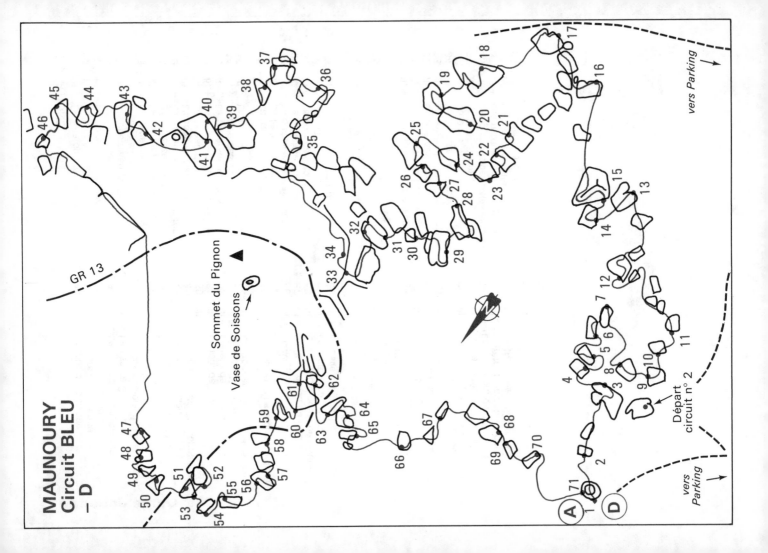

• Circuit Bleu *D* — n° 2

Tracé en 1960 en Orange par Maurice Martin, du C.A.F., c'est un magnifique circuit varié, souvent exposé et très style « montagne ». Long et assez athlétique, il peut servir d'entraînement à des escalades de moyenne envergure. Très venté et très ensoleillé, il est souvent en condition. Son parcours peut devenir pénible par grosse chaleur.

ACCÈS AU CIRCUIT

De P2, suivre le chemin forestier vers l'est ; passer par une zone marécageuse et 100 m plus loin (à 400 m du Chalet Jobert), prendre un sentier sur la gauche qui longe le bord ouest du pignon du Maunoury. Départ sur un « bilboquet » situé 250 m plus loin, 50 m après le départ du circuit vert AD — n° 1.

COTATIONS

1	III+	Le bilboquet
2	IV	L'allumeuse
3	IV+	La vire à bicyclette
4	III	Le miroir aux alouettes
5	IV+	Le super toboggan
6	III+	L'arête ronde
7	IV	Le surplomb du boxeur
8	III−	Les fesses
9	IV−	Le surplomb du cuveton
10	IV−	La gifle
11	IV−	Le surplomb du prélude
12	III+	L'arête du triangle
13	III	La boîte
14	IV−	La dalle des paras
15	IV−	Le rocher de Sacha
16	IV−	La traversée du nid
17	V−	La traversée de la grande Monique
18	III+	Le château-fort
19	II	La pâtissière
20	II	La descente de la loco
21	III	La dalle du clodo
22	III+	La petite fresque
23	IV+	La traversée du camembert
24	III+	Le petit l
25	III+	La fissure du bec
26	IV	Le surplomb des tétons
27	III−	La cheminée du rouge-gorge
28	IV−	La face est du motard
29	IV−	La traversée de Rigoulot
30	IV−	La boule
31	IV−	Le petit Z
32	III+	Le surplomb du porte-manteau
33	IV−	La traversée du vieux marin
34	V−	Le pas de géant
35	IV−	La traversée du calebar
36	IV−	Le réta du trésor
37	V−	Le contour du pilastre
38	III	La petite plaque de marbre
39	IV	La paire de bretelles
40	III	La fissure des signes rupestres
41	III+	L'embrasse-moi
42	IV−	Le mur blanc
43	IV−	Les planqués
44	IV	Le pot de moutarde
45	IV−	La tour de l'Orient
46	IV−	La tour Denecourt
47	III	La sauce verte
48	III+	La sauce blanche
49	III	Le menhir
50	III	Le collier du dogue
51	IV	Les spoutniks
52	III	Le spoutnik 2
53	III+	Le trou du souffleur
54	III	Le jeton
55	IV−	Le mètre pliant
56	III	Le piano à queue
57	V−	La traversée du paquet de Camel
58	IV	La brique réfractaire
59	III	La glissière à Toto
60	III−	L'aérolithe
61	III−	Le coupe-gorge
62	III−	Le surplomb de la dégonflante
63	III−	La poignée de métro
64	III+	Le surplomb du Fakstind
65	III+	L'étrave
66	III	La traversée des pattes de tor-tue
67	II	Le rocher au genévrier
68	IV+	Le bec de gaz
69	III−	L'arête du poivrot
70	III−	Le marchepied de l'autobus
71	IV−	La voie de la fin

143

Maunoury

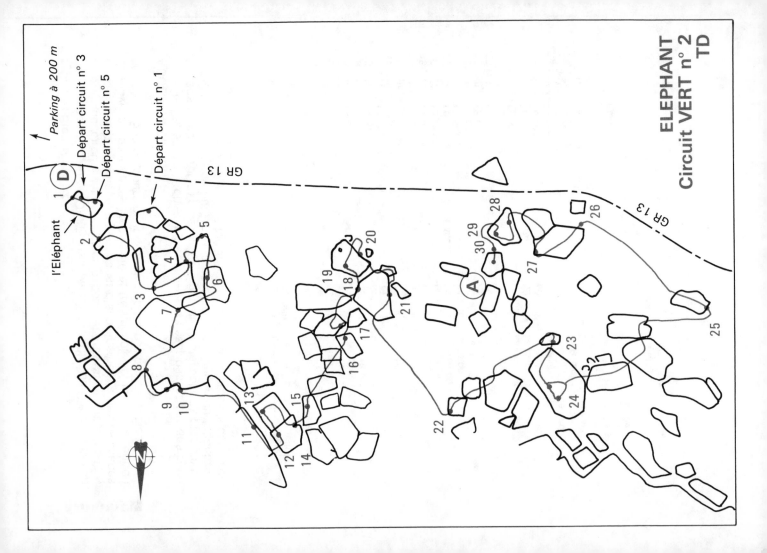

ELEPHANT
Circuit VERT n° 2
TD

Eléphant

• **Circuit Vert** *TD n° 2*

Tracé par Charles Deneux, c'est un beau circuit un peu court, avec des passages variés et principalement en surplomb ou en dalle, très exposés et malheureusement de difficultés inégales. Son parcours est du plus grand intérêt grâce à un subtil dosage entre la difficulté et l'exposition des voies. Il requiert sang-froid et lucidité.

En général, il sèche rapidement après la pluie, sauf les numéros 2 et 20.

ACCÈS AU CIRCUIT

De P1, prendre un chemin vers l'ouest qui conduit en 250 m au départ sur la « trompe » de l'Éléphant.

COTATIONS

1	IV −	La trompe de l'Éléphant
2	III +	La colonnette
3	V	
4	V	Le surplomb du Bouton
5	V	
6	III	
7	III +	
8	III +	L'arête sud du mur Lépiney
9	III	
10	III	
11	V −	Le grand couloir (aller)
12	III	Le grand couloir (retour)
13	III	
14	IV −	
15	III +	
16	II	

17	IV −	
18	V −	
19	V +	
20	V −	La voie du Louis
21	VI −	La traversée des Demoiselles
22	III −	
23	IV	
24	V −	Le surplomb de la loupe
24b	V	
25	III	L'omelette
26	III	L'angle sud-ouest du Mickey
27	VI	
28	IV	
29	V −	
30	V	La traversée du Trio

145

PUISELET (27)

Les rochers se répartissent sur les deux petits pignons du Mont Sarrazin en dessous et au nord du village du Puiselet. Dans ce massif se mélangent harmonieusement sable, pins et rochers.

L'escalade est souvent exposée sur le pignon ouest et parfois rendue dangereuse par le lichen sur sa face nord. En plus des circuits du Mont Sarrazin, on peut trouver d'excellents murs propices (et équipés) à l'escalade artificielle à la Sablibum et à la carrière du Puiselet (*cf.* carte).

ACCÈS AU MASSIF :

En voiture : rejoindre Nemours par l'autoroute A6 et la N7. Prendre vers l'ouest la direction de Larchant par la D16, sur 2 km. Tourner à gauche en direction du Puiselet. 750 m plus loin, dans le premier tournant à droite, suivre un chemin (impasse du Mont Sarrazin) en appuyant à gauche jusqu'à une petite clairière au niveau d'une sablière (500 m).

A pied : de Nemours, suivre le GR13 qui parcourt la crête du Mont Sarrazin.

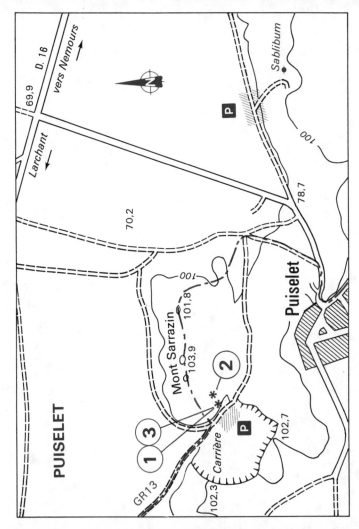

LES CIRCUITS

- **Orange *AD* n° 1** : *cf.* page 149.
- **Noir *D* / *D+* n° 2**. 36 numéros. Auteur : Jacques Vayr, du C.A.F. Passages exposés, très variés et souvent athlétiques avec beaucoup d'allure. Les numéros 8 et 13 (pitons) ont entraîné une surcote de l'ensemble du circuit.

Départ : de la clairière de stationnement, prendre une sente montante vers le nord-ouest qui conduit en 80 m au départ de ce circuit Noir situé en contrebas du gros bloc de la Trois Pitons.

- **Noir *ED* n° 3** : 34 numéros. Auteurs : Eddy Bouchet, Bruno Karabogossian et Michel Letarouilly.

Par rapport aux circuits Noir des Gros Sablons et de Malesherbes, ce circuit représente une étape supplémentaire dans la recherche de la difficulté dans l'exposition. Après l'ouverture, précisons que tous les passages ont été refaits sans assurage.

Départ : de la clairière de stationnement, prendre la sente comme pour le circuit Noir n° 2. Départ sur le premier gros bloc, 15 m à gauche.

Vers le Bas-Bréau.

147

LE PUISELET
Circuit ORANGE
AD

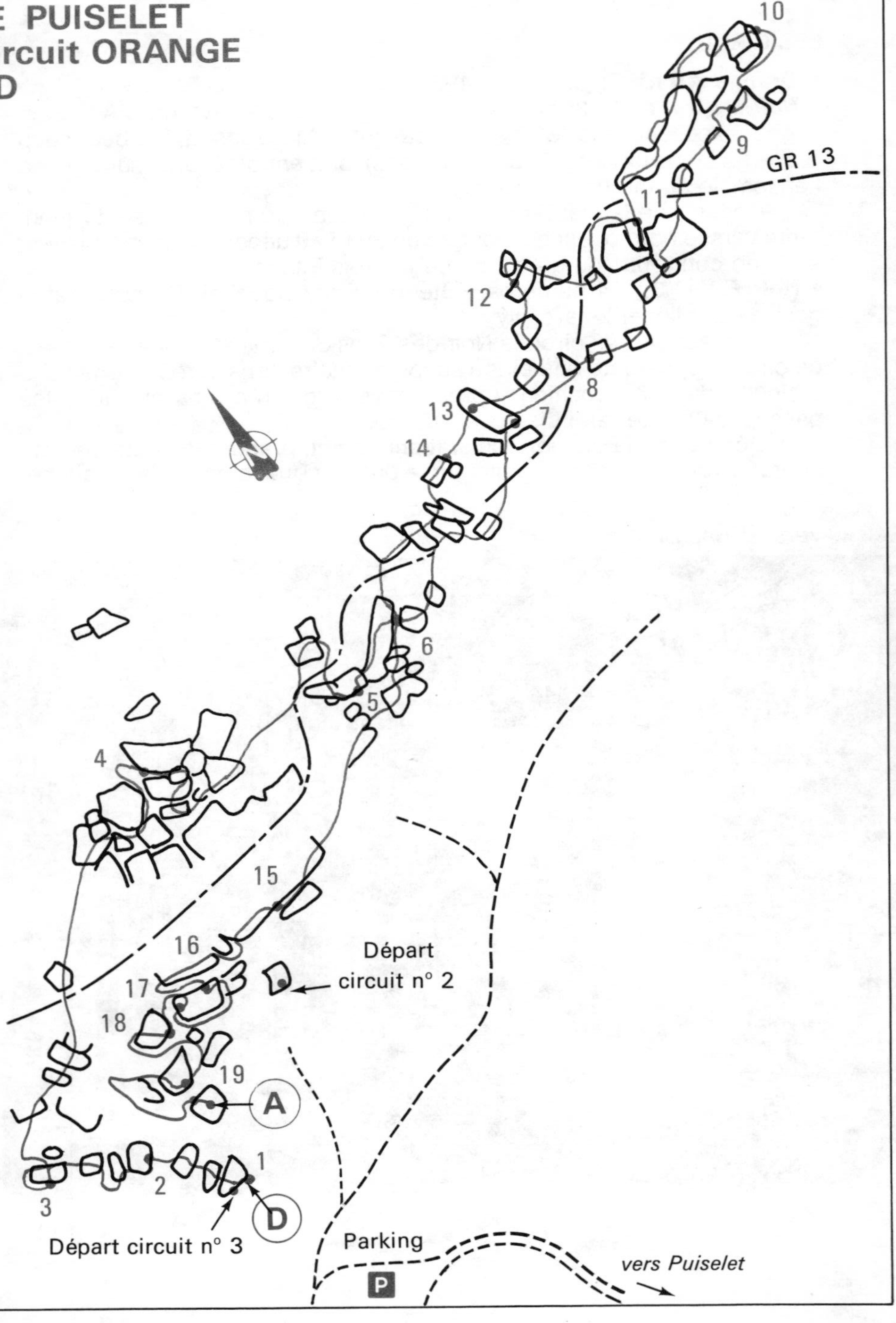

GR 13

10
9
11
8
12
7
13
14
6
5
15
16
17
18
19
A
D
1
2
3
4

Départ circuit n° 2
Départ circuit n° 3

Parking
P

vers Puiselet

Puiselet

- **Circuit Orange AD n° 1**

Tracé par Pierre Bontemps, du C.A.F., c'est un circuit assez court avec de beaux passages en dalles, cheminées, fissures, souvent exposés sur le pignon ouest. Une corde est recommandée pour l'assurage. Agréable par temps sec, l'escalade est rendue délicate en face nord par temps humide en raison du lichen.

ACCÈS AU CIRCUIT :

Du parking, prendre une sente qui monte en direction du nord-ouest. Départ sur le premier bloc, 15 m à gauche.

COTATIONS

1	III	Le départ
2	III+	La traversée
3	IV−	La dalle brûlée
4	II	La grande cheminée
5	III−	La roche feuilletée
6	II+	Le bilboquet
7	III	La dalle des singes (sud)
8	III	La rampe
9	III−	Le genévrier
10	II	La vierge
11	II	La cheminée de l'électricité
12	III	L'escalier de la vieille fille
13	III	La descente des singes
14	II	La belle arête
15	III−	La cheminée de la grotte
16	III+	Le tiroir
17	III+	Le souvenir
18	III−	La patinette
19	III−	La dalle du bolide

149

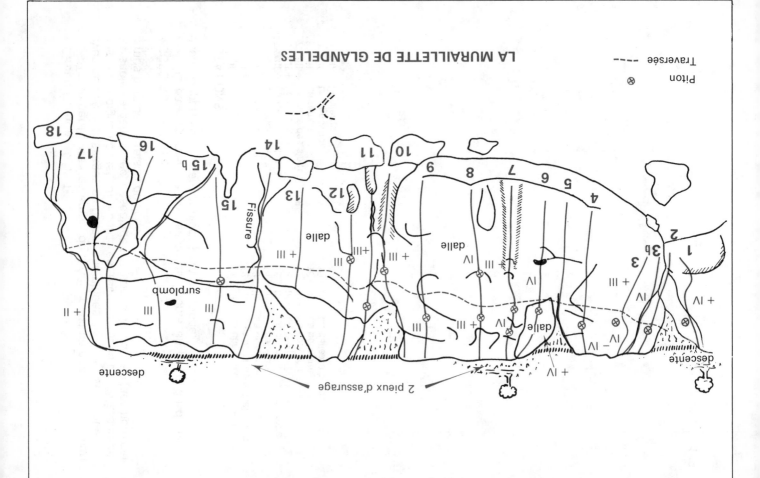

LA MURAILLETTE DE GLANDELLES

LA MURAILLETTE DE GLANDELLES (30)

Cette petite falaise (8 à 10 m de hauteur) de poudingue de Nemours (Sparnacien) se trouve dans la très tranquille vallée de Glandelles. Un ensemble de voies, en moyenne assez difficiles, y a été fléché par MM. Alzieu et Fougère. Elle peut servir d'intermédiaire entre Bleau et la haute école, car les voies sont verticales, avec sorties surplombantes (impressionnantes mais avec de grosses prises solides).

Elle sèche vite, étant exposée au sud. Tous les pitons de protection sont en place (ne pas en ajouter de nouveaux ; en cas de difficulté, la roche se prête bien à l'utilisation de coinceurs). L'escalade y est assez athlétique.

Matériel nécessaire : corde de 15 à 20 m, 3 à 4 sangles, 6 mousquetons (10 pour la traversée).

Éviter de grimper en *vibram* pour ne pas détériorer les prises.

ACCÈS

De Nemours, suivre la N 7 vers le Sud. Tourner à gauche juste avant Glandelles (6 km). Prendre la route de Poligny (est). Parking à gauche, dans la vallée, en face des maisons, dans l'entrée d'un chemin de terre barré par de gros blocs. La falaise se trouve 50 m plus loin.

1	D+	La Crapouillo (1 piton)
2	AD	La Mercollateur (1 piton)
3	D−	La bidule (1 piton)
3b	D−	Le pilier gauche
4	D−	La drôle (1 piton)
5	AD−	La patate
6	AD+	La clarinette (1 piton)
7	D−	L'extra (2 pitons)
8	D−	Le piston (2 pitons)
9	D−	La directe (2 pitons)
10	AD	Le dièdre A (1 piton)
11	D−	La bête (1 piton)
12	AD−	La bidouille (1 piton)
13	AD+	La paquerette
14	AD−	Le planeur
15	AD	La fourmi verte (1 piton)
15b	AD−	L'oubliée
16	PD−	La bassine
17	PD−	Le pilier droit
18	F	L'escalier
T	D−	La grande traversée 6/8 pitons

151

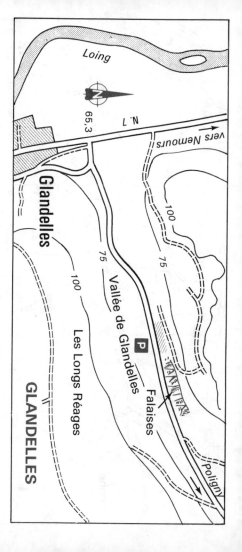

Glandelles

GLANDELLES

Glandelles

Loing

65,3

N. 7

vers Nemours

100

75

75

100

P

Vallée de Glandelles

Falaises

Les Longs Réages

Poligny

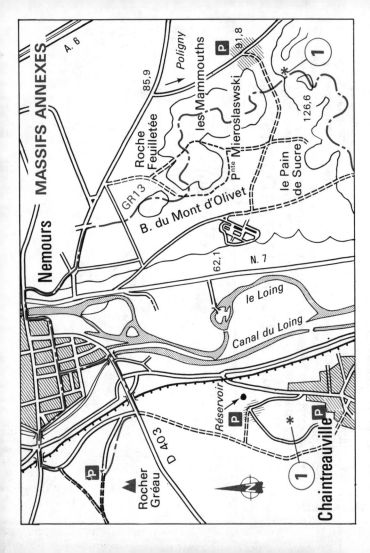

MASSIFS ANNEXES (28)

Dans la région de Nemours, on trouvera des groupes d'escalade intéressants, dont le Rocher Gréau, Chaintreauville et les friches de Poligny. Tous ces massifs sont facilement accessibles de Nemours.

ROCHER GRÉAU : massif composé de très hauts blocs lichéneux techniquement intéressants, mais exposés.

ACCÈS

De la gare de Nemours, prendre à droite la direction de Larchant. Après le passage à niveau, tourner immédiatement à gauche et suivre une route en biais à droite, sur 500 m. Tourner ensuite à gauche et stationner 300 m plus loin environ. A pied, on peut rejoindre ce massif par le GR13.

CHAINTREAUVILLE : formé de nombreux petits blocs, ce massif est situé sur une butte boisée au nord-ouest de Chaintreauville. On y trouvera les restes d'un vieux circuit Blanc *PD* n° 1.

ACCÈS

De Nemours, prendre la D 403 vers le sud-ouest. Tourner à gauche dans Nemours après le pont du canal en direction de Chaintreauville.

152

Du côté du Long-Rocher.

Immédiatement avant le panneau d'entrée du village, prendre une petite route à droite et stationner 150 m plus loin au pied d'un château d'eau. De là, rejoindre vers le sud le sommet de la butte.

ROCHERS DE NEMOURS :

petit ensemble de blocs sur le flanc nord des friches de Poligny.

• **Circuit Vert AD n° 1.** Peu soutenu, assez inégal et pour grimpeurs de grande taille.

ACCÈS AU CIRCUIT

Du pont de Nemours, suivre la N 7 sur 300 m. Tourner à gauche en direction de Sens jusqu'au niveau du musée de la Préhistoire. Tourner ensuite à droite vers Poligny. Stationnement en bordure de la route 700 m plus loin. De là, suivre un chemin forestier vers l'ouest qui croise le GR13 et prendre à gauche. Le départ se trouve sur un rocher en bordure gauche 150 m plus loin.

À pied, on peut rejoindre ce massif par le GR13.

ROCHE DU SAULT

À 8 km à l'est du Long Rocher, de l'autre côté du Loing et à proximité de Villecerf, on trouvera une curiosité : la Roche du Sault. Quelques voies de libre et d'artificiel. Assurage en place.

153

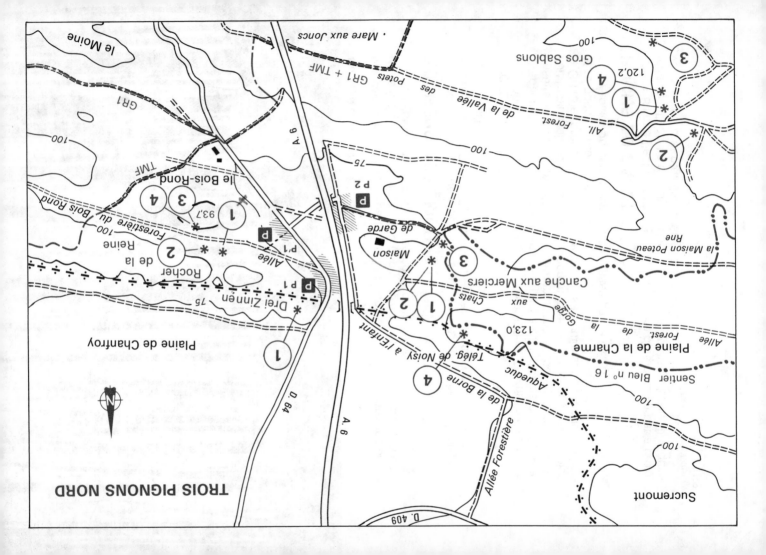

FORÊT DOMANIALE DES TROIS PIGNONS (29)

Pour faciliter la présentation et la cartographie, le massif des Trois Pignons a été divisé en trois secteurs géographiques : nord, centre et sud.

Nous ne parlerons pas ici du Coquibus, qui, à la demande des associations et de l'O.N.F., ne fera l'objet d'aucun balisage pour conserver son caractère agreste, bien sympathique.

TROIS PIGNONS NORD

La percée — et la présence sonore — de l'autoroute A6 est un élément malheureusement remarquable de cette zone.

Comme les autres massifs des Trois Pignons, c'est une lande à bruyères, clairsemée de bouleaux et de pins maritimes. L'ensemble, à part le groupe du Télégraphe, sèche très vite après la pluie.

La partie ouest — Canche aux Merciers et Télégraphe — est un terrain militaire (accès autorisé au public) où les manœuvres peuvent gêner considérablement les grimpeurs, et troubler la quiétude du randonneur, sur le Laris-qui-parle.

ACCÈS AU MASSIF

En voiture : quitter l'autoroute A6 direction Fontainebleau. 3 km plus loin, prendre la direction de Fleury-en-Bière (D 50), que l'on traverse, puis la direction d'Arbonne, où l'on rejoint la D 409, qu'il faut prendre à droite sur 120 m environ. Prendre à gauche la D 64 vers Achères. Stationner immédiatement après le virage où elle côtoie l'autoroute (P1). 200 m plus loin, sur la droite, un chemin goudronné passe sous l'autoroute et conduit au parking (P2). (Parking P'1, en face du départ du chemin goudronné, à gauche de la D 64.)

A pied : l'ensemble du massif étant éloigné de tous moyens de transport, on rejoindra par le GR1, le GR11 ou le T.M.F. les parkings précités.

155

...ICHE AUX MERCIERS ET TÉLÉGRAPHE (29/2)

• Jaune *PD* – n° 3 : 41 numéros. Bon circuit classique d'initiation, jamais exposé.

Départ : de P2, suivre le chemin en partie goudronné vers l'ouest sur 250 m (route forestière de la Charme). Le départ se trouve sur un petit bloc au nord d'une étendue sableuse.

• Orange *AD* n° 2 : 41 numéros. Auteurs : Mme Fédoroff et MM. Fédoroff, Laloup, Nédélec et Schwartz. C'est un classique de l'escalade de moyenne difficulté. Très intéressant, peu exposé.

Départ : du départ du Jaune *PD* – n° 3, traverser le massif vers le nord-est sur 80 m. Le départ se trouve sur un bloc en bordure d'une étendue dégagée.

• Bleu *D* n° 4 : 41 numéros. Auteur : Club montagne de Sainte-Geneviève-des-Bois (F.S.G.T.). Il parcourt le rempart et les quelques blocs situés en flanc nord de la pointe est de la plaine de la Charme (platière étroite). Suite de passages variés plutôt que circuit, très homogènes et moyennement exposés, elle mérite une fréquentation supérieure (Ruine d'une tour du télégraphe Chappe, au niveau du n° 18).

Départ : de P2 par la route de la plaine de la Charme (ouest), rejoindre le sentier Bleu n° 16 au niveau de la grande étendue sableuse. Le suivre à droite vers le nord (il coupe les autres circuits) jusqu'au sommet du premier pignon. Départ à l'angle nord-est.

• Bleu *D+* n° 1 : *cf.* page 159.

DREI ZINNEN (29/3,1)

• Rouge *D+* n° 1 : 24 numéros. Auteur : Yvon Le Tiec en 1957. Inégal, athlétique et parfois très exposé (corde utile).

Départ : de P1, rejoindre au nord le tracé de l'aqueduc ; le suivre vers l'est. Vers le sommet du pignon, rejoindre les Drei Zinnen (3 blocs caractéristiques). Départ à 40 m au nord en contrebas.

ROCHER DE LA REINE — 93,7 (Bois-Rond) (29/3,2)

• Jaune *PD+* n° 1 : *cf.* page 161.

• Orange *AD* n° 3 : 37 numéros et 2 *bis*. Auteur : André Schwartz. Intéressant, varié, très technique, peu exposé et peu athlétique (sol souvent gras).

Départ : de P1, suivre vers l'est l'allée forestière du Bois-Rond sur 500 m. Le départ se trouve à 40 m à droite sur un gros bloc à mi-hauteur d'une bosse (93,7).

La Vallée Close. Trois Pignons. ▲

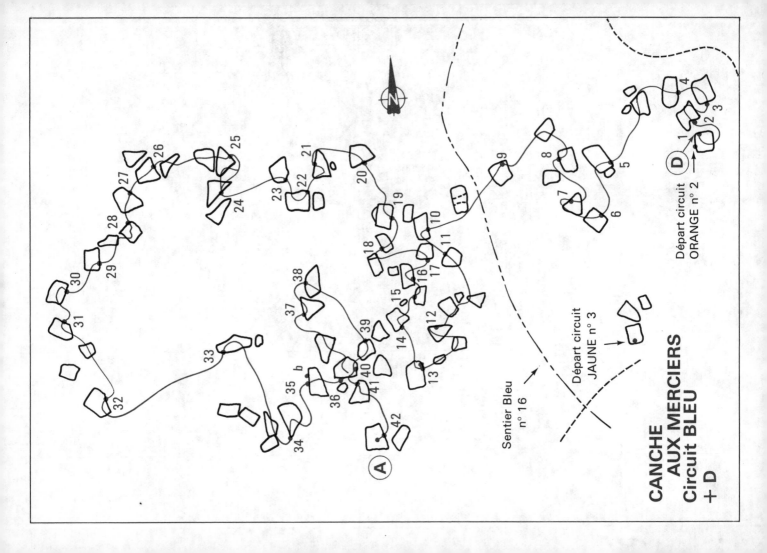

CANCHE
AUX MERCIERS
Circuit BLEU
+ D

- **Bleu *D+* n° 2 :** 52 numéros. Auteur : Jean-Pierre Bertigny, des Amis de Pesey-Nancroix. Intéressant, varié, très souvent athlétique, il parcourt le chaos sud du rocher de la Reine et sèche très vite.

Départ : de P1, suivre le chemin du Bois-Rond sur 450 m environ. Le départ se trouve sur la gauche une trentaine de mètres après celui du circuit Jaune n° 2.

- **Bleu *D+* n° 4 :** *cf.* page 163.

CANCHE AUX MERCIERS

• Circuit Bleu *D+* n° 1

Tracé en même temps que l'Orange n° 2 en 1966 par Mme Fédoroff et MM. Fédoroff, Laloup, Nédélec et Schwartz, ce circuit est un classique de ce niveau de difficultés. Toujours extérieure, l'escalade y est quand même très variée (dalles, grattons, surplombs). Si les blocs sèchent vite, le sol terreux, qui garde l'humidité, nécessite l'usage d'un tapis.

ACCÈS AU CIRCUIT

De P2, suivre la route de la plaine de la Charme vers l'ouest sur 250 m. Au nord d'une grande étendue sableuse, prendre une sente qui traverse le massif vers le nord-est. Le départ se trouve 80 m plus loin, en bordure d'une zone dégagée.

COTATIONS

1	IV+	23	IV
2	IV+	24	IV+
3	IV	25	III+
4	IV+	26	V−
5	IV−	27	IV
6	IV−	28	V−
7	IV+	29	IV
8	V−	30	IV−
9	IV−	31	V−
10	IV	32	IV
11	IV	33	III+
12	IV	34	IV−
13	III+	35	V−
14	IV	35b	V+
15	IV+	36	III
16	IV+	37	IV−
17	V−	38	IV
18	IV+	39	III
19	V−	40	IV
20	IV−	41	IV
21	III+	42	V−
22	IV		

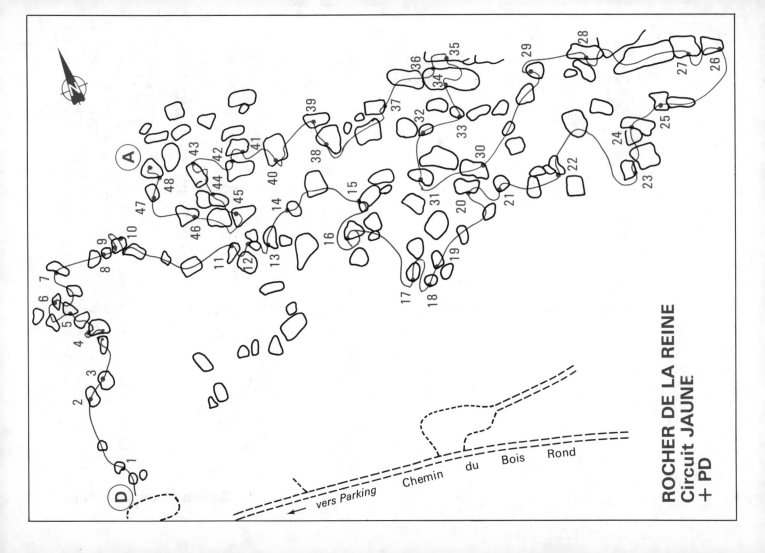

ROCHER DE LA REINE
Circuit JAUNE
+ PD

vers Parking Chemin du Bois Rond

- **Circuit Jaune *PD+* n° 1**

Ce circuit assez homogène, tracé par Mme Bertigny, utilise très bien le massif. Peu exposé et peu athlétique (sauf les nᵒˢ 5 et 14), il est technique et intéressant comme « circuit école » par la variété de ses passages : dalles, surplombs, cheminées, etc. Certaines descentes comportent des sauts, mais ils peuvent tous s'éviter. Près du n° 39, un magnifique point de vue mérite le détour.

ACCÈS AU CIRCUIT

De P1, suivre la route du Bois-Rond sur 450 m. Le départ se trouve sur un petit bloc, 10 m à gauche.

COTATIONS

1 = II–			25 = II–
2 = II–			26 = III–
3 = II–			27 = III+
4 = II+			28 = II+
5 = III+			29 = II+
6 = II+			30 = I+
7 = II–			31 = II–
8 = II–			32 = II–
9 = II–			33 = II–
10 = II–			34 = II–
11 = II–			35 = II–
12 = II+			36 = II–
13 = III+			37 = II–
14 = II–			38 = II–
15 = II–			39 = II–
16 = III+			40 = II–
17 = III+			41 = I+
18 = II–			42 = III+
19 = II–			43 = II–
20 = III+			44 = II–
21 = II–			45 = II–
22 = I+			46 = II–
23 = II–			47 = II–
24 = II–			48 = II–

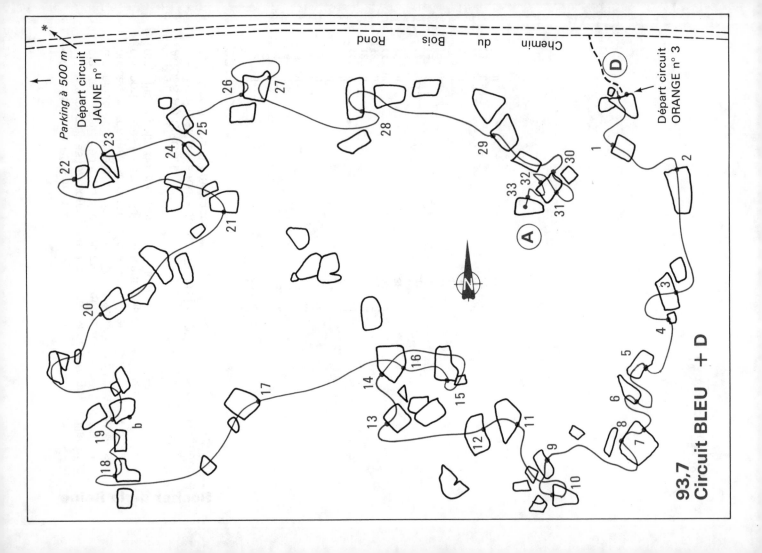

93.7
Circuit BLEU + D

93,7

• **Circuit Bleu _D+_ n° 4**

Tracé en 1977 par André Schwartz, ce circuit est à peu près parallèle à l'Orange n° 3 et présente les mêmes caractéristiques : intéressant, varié, très technique, peu exposé, peu athlétique. Le sol y est malheureusement souvent gras.

ACCÈS AU CIRCUIT

De P1, suivre vers l'est l'allée forestière du Bois-Rond sur 500 m. Le départ se situe 40 m à droite sur un gros bloc (départ de l'Orange) à mi-hauteur d'une bosse.

COTATIONS

D	IV		18	IV −
1	V		19	V −
2	V +		19b	IV
3	IV +		20	IV
4	IV		21	IV +
5	IV		22	IV +
6	IV +		23	IV
7	IV +		24	V
8	IV		25	V
9	IV −		26	IV
10	IV +		27	IV +
11	IV +		28	IV +
12	IV +		29	IV −
13	IV +		30	V −
14	IV +		31	V −
15	IV +		32	IV −
16	IV +		33	V
17	V −			

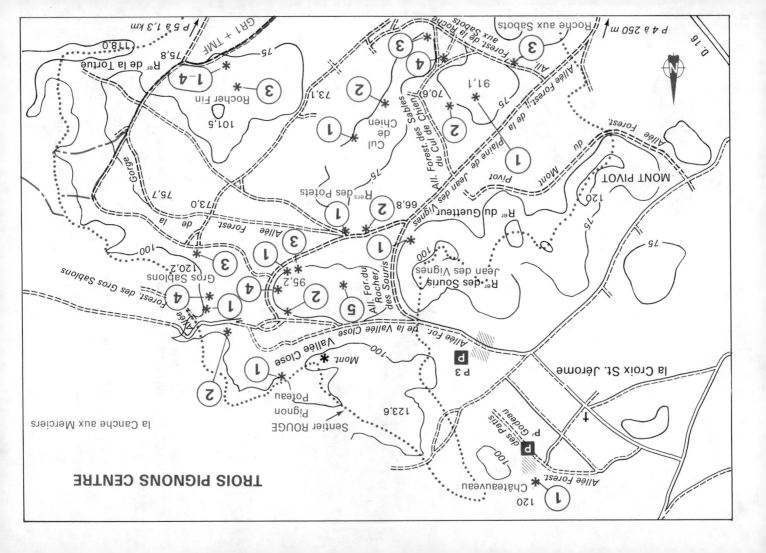

TROIS PIGNONS CENTRE

TROIS PIGNONS CENTRE

A part Chateauveau (qui présente les mêmes caractéristiques), le massif d'escalade des Trois Pignons Centre est situé dans ou en bordure du célèbre cirque des Trois Pignons. Les groupes rocheux sont nommés par les grimpeurs : Pignon Poteau, 95,2, Gros Sablons, Jean des Vignes, Rocher des Potets, Cul de Chien, 91,1 et Rocher Fin.

Ce sont tous des chaos de blocs plus ou moins denses sur des pignons sableux parfois couverts de bruyère et d'une végétation clairsemée (pins et bouleaux). Dans leur ensemble, les rochers sont bien exposés au vent et sèchent très vite après la pluie.

ACCÈS AU MASSIF

En voiture : de l'autoroute A 6, sortir vers Fontainebleau et prendre la direction de Cély et de Milly-la-Forêt par la D 410/D 372. De Milly, prendre la D 141E/D 16 (direction Le Vaudoué). Pour le parking dit de « La Croix-Saint-Jérôme » (P3), 2,2 km après Milly, prendre à gauche la route des Grandes-Allées puis, 1,1 km plus loin, une route à droite conduisant à La Croix-Saint-Jérôme (panneau). Continuer tout droit. Prendre en oblique à gauche le chemin de la Vallée Close, qui mène à P3 (barrière O.N.F.). Pour le parking dit du « Cimetière » (P4), continuer la D 16 sur 1,9 km. Tourner à gauche, le parking se trouve après le cimetière de Noisy.

À pied : par le GR1, le GR11, le T.M.F. ou le sentier des Trois Pignons, rejoindre P3 ou P4.

LES CIRCUITS

CHATEAUVEAU (29/1)
- **Jaune *PD+* n° 1 :** *cf.* page 171.

PIGNON POTEAU (29/4)
- **Jaune *PD* – n° 1 :** *cf.* page 173.

95,2 (29/5)

Ce massif est un de ceux qui posent le plus de problèmes d'érosion.

- **Jaune *PD+* n° 4 :** 41 numéros. Auteur : U.S.I. (F.S.G.T.). Long, intéressant et technique, il parcourt tout le pignon est du 95,2. Il est peu exposé, sauf l'arrivée n° 41 qui peut nécessiter un rappel pour la descente.

Départ : de P3, suivre le chemin de la Vallée Close sur 1 km. Longer la base du pignon de droite (95,2). Le départ se trouve sur un gros bloc près de l'endroit où le sentier tourne vers le sud-est.

165

- **Orange *AD* + n° 5** : 50 numéros. Auteurs : Frédéric Dulphy et Laurent Maine. Long, technique, peu exposé et peu athlétique.

Départ : de P3, prendre la route de la Vallée Close sur environ 800 m. Un sentier à droite (sud) permet de passer entre les deux pignons du 95,2. Suivre alors à droite la base du pignon ouest. Départ sur un petit bloc au bas de la pente.

- **Bleu *D* n° 1** : *cf.* page 175.
- **Rouge *TD* – n° 2** : 47 numéros + 12 *bis.* Tracé en 1959 par Monique Féderoff, Gérard Frich, Pierre Nédélec et un peu modifié par Oleg Sokolsky en 1981. Assez long, varié, technique, assez athlétique et homogène, il est peu exposé.

Départ : de P3, suivre la route de la Vallée Close sur 900 m. Le départ se trouve sur le premier gros bloc, 30 m à droite du chemin (sud).

- **Blanc *TD* + n° 3** : *cf.* page 177.

GROS SABLONS (29/6)

- **Orange *AD* n° 2** : 37 numéros + 6 *bis.* Beau circuit de longueur moyenne tracé sur la pente sud-ouest de l'avancée de la platière des Gros Sablons qui ferme la Vallée Close. Technique et peu exposé. Sa partie centrale sèche lentement (magnifique point de vue à l'arrivée).

Départ : de P3, suivre la route de la Vallée-Close sur 1,1 km. Le départ se trouve sur les premiers gros blocs au pied de l'avancée quelques dizaines de mètres avant et à gauche d'une route goudronnée.

- **Orange *AD*+ n° 1** : *cf.* page 178.
- **Bleu *D*+ n° 4** : 65 numéros. Auteur : Pascal Étienne, du Club montagne de Sainte-Geneviève-des-Bois (F.S.G.T.). La première partie est irrégulière et difficile à suivre.

Départ : du début de la route goudronnée (*cf.* Orange *AD* n° 2), obliquer à droite et traverser une pinède. A son extrémité, départ sur un grand bloc.

- **Noir/Blanc *ED* – n° 3** : *cf.* page 181.

JEAN DES VIGNES (29/7)

C'est un petit massif situé au pied du pignon Jean des Vignes (l'un des Trois Pignons). Il est peu fréquenté, tranquille et une partie est couverte de pins (ombre).

- **Rouge *AD*+ n° 1** (dit l'« hétéroclite ») : 35 numéros. Auteurs : R. Dadone, R. Mizrahi et Y. Tugaye. C'est le seul circuit du massif. Inégal et un peu fastidieux.

Départ : de P3, suivre l'allée forestière de la Vallée Close sur 300 m. Prendre ensuite en oblique à droite (sud-est) le chemin du rocher des Souris. Le départ se situe 300 m plus loin, à 20 m à droite du chemin.

Le Bilboquet du Cul-de-Chien. Trois Pignons.

ROCHERS DES POTETS (29/8)

Massif constitué de nombreux petits rochers éparpillés sur une « plaine sableuse », très propice aux jeux d'enfants et à l'initiation à l'escalade. Magnifique panorama sur le cirque des Trois Pignons. Non loin du 95,2 et du massif Jean-des-Vignes, il occupe une situation centrale au sein du massif des Trois Pignons.

• **Jaune *PD* – n° 1 :** 20 numéros. Peu soutenu et peu exposé mais technique, c'est un bon circuit pour l'initiation à l'escalade extérieure.

Départ : de P3, suivre la route de la Vallée Close sur 300 m ; obliquer à droite (sud-est) par la route du rocher des Souris. 250 m plus loin, au débouché sur la plaine, prendre à gauche le chemin de la Plaine Jean des Vignes qui serpente à travers de petits rochers. A la première bifurcation, prendre un petit sentier en oblique à droite (sud-est) qui conduit en 40 m au départ.

• **Orange *AD* n° 2 :** 36 numéros. Un peu inégal, c'est un circuit technique et souvent très athlétique. Quelques très beaux passages.

167

Départ : *cf.* Jaune *PD* — n° 1. Le départ se situe sur un bloc en bordure droite du chemin de la Plaine Jean des Vignes à l'endroit où ce dernier traverse la zone rocheuse.

CUL DE CHIEN (29/9,1)

C'est un massif très fréquenté constitué de groupes de rochers répartis sur trois vagues bosses sableuses et très ensoleillées. La faible hauteur des rochers, des chutes en général excellentes et l'existence de nombreuses voies de tous niveaux expliquent le succès de ce massif.

- **Jaune** *PD*+ **n° 3** : *cf.* page 183.
- **Vert** *AD* **n° 2** : non numéroté. Auteur : Bernard Canceill, du G.U.M.S. Peu soutenu, assez athlétique avec de beaux passages variés.

Départ : de P 4, suivre le chemin de la Plaine de Jean des Vignes. 500 m plus loin, prendre le chemin de la Roche aux Sabots en oblique sur la droite, qui conduit à une première grande étendue de sable. Laisser le Bilboquet à droite (rocher très caractéristique), passer un petit col sableux ; appuyer alors sur la droite (est) et traverser une dépression entre les deux « bosses » du Cul de Chien. Le départ se situe sur un gros bloc à gauche et en bordure d'une nouvelle étendue de sable après la dépression à proximité du n° 16 du circuit Bleu *D* — n° 1.

- **Bleu** *D* — **n° 1** : 35 numéros. Tracé par Pierre Granier et Pierre Nédélec en 1957, il se distingue par la variété et la technicité de ses passages. Malgré quelques surplombs athlétiques, il est en général peu soutenu.

Départ : suivre l'itinéraire du Vert n° 2 ; après la dépression entre les deux « bosses » du Cul de Chien, on rejoint un chemin que l'on prend vers la gauche en longeant une étendue sableuse ; continuer droit à travers une pinède parsemée de gros rochers que parcourt le circuit. Le départ se situe sur le bloc au bout de la pinède.

- **Rouge** *TD* **n° 4** : 30 numéros + 4 *bis*. Auteur : section montagne de Choisy-le-Roi (F.S.G.T.). Circuit un peu inégal, athlétique et varié qui présente quelques très beaux passages dont le célèbre toit du Cul de Chien.

Départ : *cf.* circuit Vert *AD* n° 2. Le départ se trouve sur le Bilboquet dans la première étendue de sable.

91,1 (29/9,2)

Massif très classique formé de rochers en général peu élevés au sommet d'une bosse bien dégagée et qui, de ce fait, sèchent vite.

- **Vert** *AD* — **n° 4** : 37 numéros. Auteur : Club montagne de Sainte-Geneviève-des-Bois (F.S.G.T.). Toujours peu exposé et parfois athléti-

17. Pas de danse au 91,1 - *Trois Pignons*. De l'entraînement alpin aux jeux acrobatiques : **18.** "Arête de Larchant" - *Dame Jouanne*. **19.** "Toit du Cul de Chien" - *Trois Pignons*.

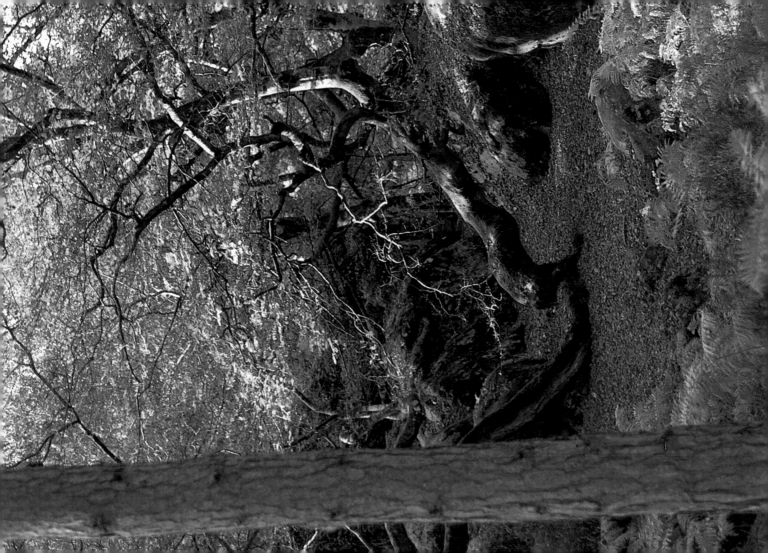

20. Jeux de lumière à l'automne. *Rocher Canon.* De fissures en surplombs :
21. Sur le Noir du Bas-Cuvier. **22.** "Toit du Cul de Chien" - *Trois Pignons.*
23. Jusqu'à la douleur : "La Poincenot" : au 95,2 – *Trois Pignons.*

que, ce circuit propose une suite de passages variés adaptés aux débutants déjà familiarisés à l'escalade.

Départ : de P4, suivre le chemin de la Plaine de Jean des Vignes sur 500 m. Prendre le chemin de la Roche aux Sabots en oblique sur la droite sur 100 m. Le départ se trouve sur un bloc à 40 m à droite du chemin.

• **Orange AD+ n° 2 :** cf. page 185.
• **Rouge TD − n° 1 :** 34 numéros + 12 bis. Auteurs : Mme Fédoroff et MM. Fédoroff, Laloup, Nédélec et Schwartz en 1966.

Circuit soutenu, très technique, en général peu athlétique et présentant une escalade extérieure variée. Avec les numéros bis, c'est un circuit TD.

Départ : cf. circuit Vert AD − n° 4. Au niveau du départ de ce dernier, prendre une sente en biais à gauche qui monte et qui rejoint le sommet du pignon. Le départ se trouve sur un bloc (n° 11 du circuit Orange AD+ n° 2) à l'autre extrémité du plateau, juste avant une petite dépression.

ROCHER FIN (29/10)

Massif situé au centre des Trois Pignons, il est constitué d'une double bosse sableuse ; les rochers se trouvent sur la bosse sud-ouest.

Seuls les rochers qui sont au sommet du pignon reviennent vite en condition après la pluie.

• **Jaune PD n° 3 :** 13 numéros. Auteurs : Pierre Bontemps et Jacques Tourancheau. Beau circuit d'initiation un peu court mais varié et peu exposé.

Départ : de P5 (cf. Trois Pignons Sud), suivre vers le nord-est le chemin de Melun au Vaudoué. 700 m plus loin, prendre à gauche le GR1 qui suit le chemin du Rocher Fin, d'abord vers le nord puis vers le nord-est. 800 m plus loin, une sente bien marquée monte sur la gauche jusqu'au sommet du pignon où se trouve le départ du circuit (à côté du rocher caractéristique appelé le « Cube » n°s 21 et 22 du circuit Rouge TD + n° 4).

• **Bleu D n° 1 :** 53 numéros. Le circuit initial tracé en 1954 par Pierre Nédélec a été modifié en y incluant des passages du circuit Mauve conçu par Dominique Cazenave. Circuit long, varié, très technique et peu exposé bien que sa deuxième partie soit lichéneuse (après le sommet du pignon), ce circuit présente un intérêt évident.

Départ : cf. circuit Jaune PD n° 3. Le départ se situe sur un bloc à côté du départ du circuit Rouge TD + n° 4 situé à la base du pignon et à droite de la sente qui conduit au sommet.

• **Rouge TD + n° 4 :** cf. page 187.

169

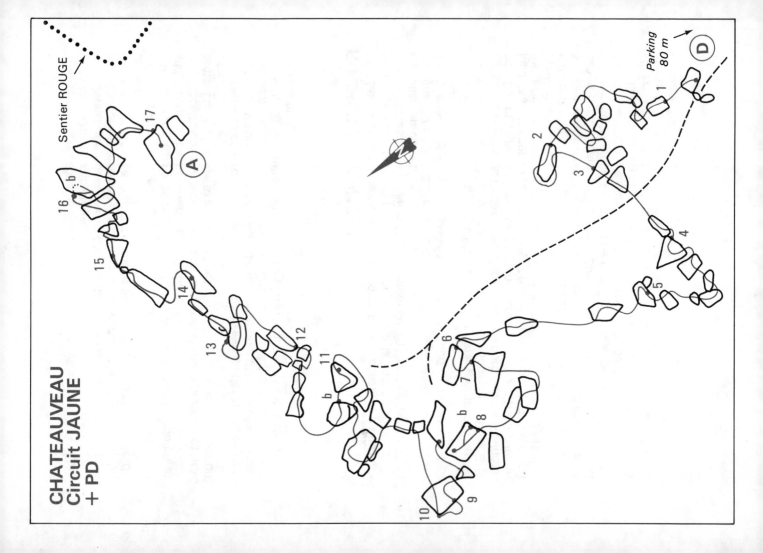

CHATEAUVEAU
Circuit JAUNE
+ PD

• **Circuit Jaune *PD+* n° 1**

Circuit varié, technique, parfois exposé, prolongé et modifié par Oleg Sokolsky. La descente du n° 8 est assez difficile si l'on n'effectue pas le saut (II + ou III −). Une corde peut être utile (un piton au sommet).

Le vallon et la crête où se situent les blocs sont très tranquilles et le panorama du sommet du pignon magnifique.

ACCÈS AU CIRCUIT

De Milly-la-Forêt, rejoindre la Croix-Saint-Jérôme, (voir accès P3). Prendre à gauche (nord-est) l'Allée de Face sur 300 m. Stationnement immédiatement après un tournant prononcé sur la droite. De là, revenir sur ses pas et suivre un chemin sableux qui débute à droite dans le tournant précité. 30 m plus loin, prendre une sente sur la droite qui rejoint le départ du circuit en 60 m.

COTATIONS

1	II −	La danseuse
2	II −	Le temps suisse
3	II +	L'escalier
4	II +	La main gauche
5	II	L'araignée
6	II +	L'ex D
7	II +	La fissure de la sorcière
8	II +	La grande dalle (variante de droite II +)
9	II −	Le talon d'Achille
10	II +	L'arête de la baignoire
11	III +	La traversée marbrée (par le haut II −)
11b	II	La débonnaire
12	II −	La porte coincée
13	II +	Le dièdre noir
14	II	La Münich
15	II	La Berlinoise
16	III	La vire du Crabe
17	III	Le surplomb du ciboire (à gauche II)

171

Chateauveau

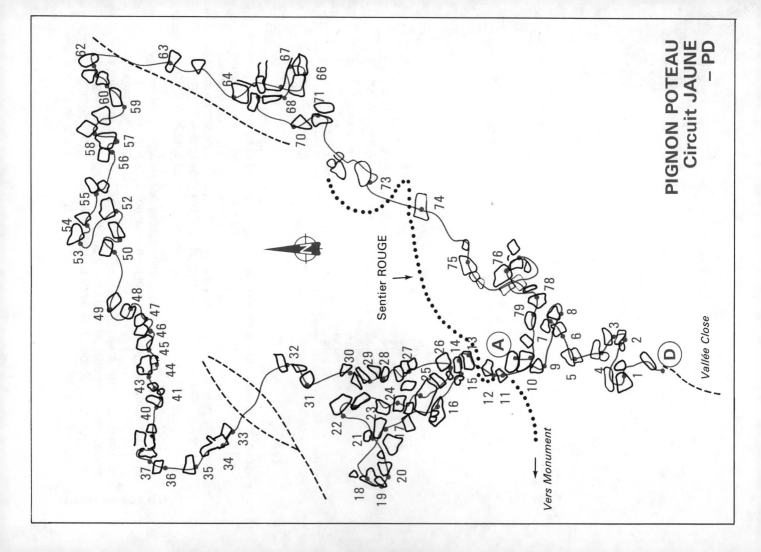

PIGNON POTEAU
Circuit JAUNE
– PD

• **Circuit Jaune *PD* – n° 1**

Ce massif est constitué de petits chaos situés sur le flanc de la platière de la Charme. Le circuit Jaune tracé par Jacques Superbie à partir d'une ancienne ébauche de fléchage permet de découvrir de beaux points de vue originaux sur la Vallée Close, la Canche Close et la platière de la Charme.

Il est très long avec une suite de passages courts mais présentant toutes les techniques de l'escalade. Il est peu exposé (sauf du n° 66 au n° 70). Du n° 72 au n° 75, il est presque parallèle au sentier rouge des Trois Pignons et dévoile des aspects « cavernicoles » inhabituels à Fontainebleau. L'ensemble sèche très rapidement après la pluie et devrait contribuer à diminuer la fréquentation du Jaune du 95,2.

ACCÈS AU CIRCUIT

De P3, suivre le chemin de la Vallée Close. Lorsqu'on l'atteint continuer de suivre le pied de la bosse portant le monument. Le départ se trouve au tiers de la hauteur de la bosse juste au nord-est du monument (sur la face regardant la Vallée Close et le 95,2) à 1 km du parking.

COTATIONS

N°	Cot.	N°	Cot.	N°	Cot.
1	I–	27	II–	54	I–
2	I–	28	II–	55	I–
3	I–	29	II–	56	II–
4	II–	30	II+	57	II–
5	II–	31	III–	58	I–
6	II+	32	I–	59	I–
7	I–	33	I–	60	I–
8	I–	34	I–	61	I–
9	II–	35	II–	62	III–
10	II–	36	II–	63	II–
11	III–	37	III–	64	II–
12	III–	38	III–	65	II–
12b	IV	39	II+	66	II–
13	II–	40	II+	67	II–
14	II–	41	II+	68	II–
15	III–	42	I–	69	III–
16	I–	43	I–	70	III–
17	II–	44	II–	71	III–
18	II–	45	III–	72	II–
19	II–	46	I+	73	I–
20	III–	47	I–	74	I–
21	II–	48	II+	75	I–
22	II–	49	II+	76	I–
23	II–	50	II+	77	II–
24	I–	51	I–	78	II–
25	I–	52	I–	79	II–
26	II–	53	II–	80	I–
				81	III–
				81b	II+

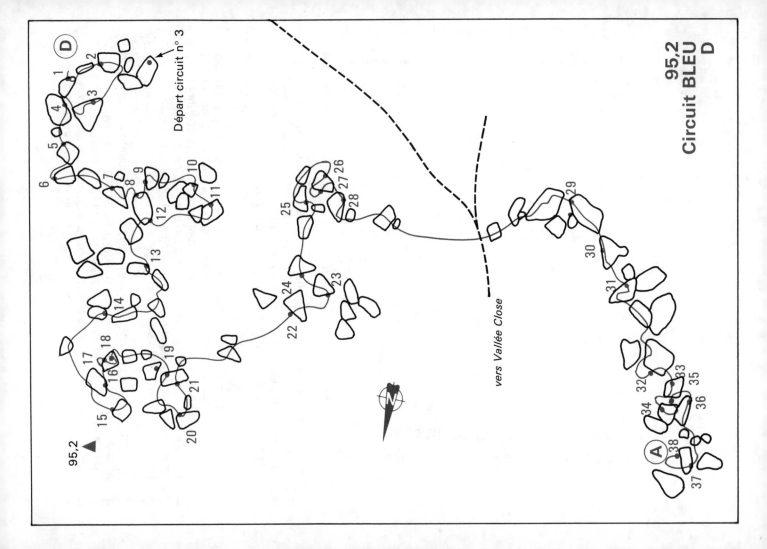

95,2
Circuit BLEU
D

D

Départ circuit n° 3

vers Vallée Close

95,2

A

• **Circuit Bleu** *D* n° 1

Ce très beau circuit classique a été tracé par Pierre Nédélec en 1955. De longueur moyenne, il est très technique, assez athlétique et peu exposé.

Comme tout le massif du 95,2, il sèche très rapidement après la pluie.

ACCÈS AU CIRCUIT

De Milly-la-Forêt, rejoindre P3. De là, prendre la route de la Vallée Close sur 800 m environ. Un sentier à droite (sud) permet de passer entre les deux pignons du 95,2. Par une sente bien marquée, suivre le pied du pignon de gauche. Le départ se situe sur un bloc 80 m plus loin.

COTATIONS

1	IV−		20	III+
2	IV−		21	IV
3	IV−		22	III
4	III+		23	IV+
5	IV+		24	IV
6	IV+		24b	III+
7	III		25	IV
7b	IV−		26	IV+
8	IV+		27	IV
9	IV+		28	IV−
10	IV−		29	IV−
11	IV−		29b	IV−
12	IV−		30	IV−
13	IV−		31	III+
14	III+		32	IV+
15	IV−		33	III+
16	IV+		34	IV+
17	IV+		35	IV+
18	IV−		36	IV+
19	IV−		37	III
19b	IV−		38	IV

95,2

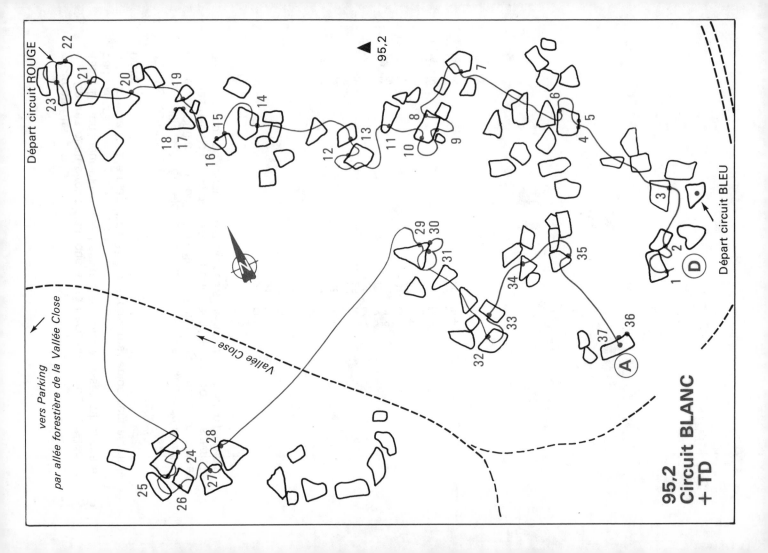

95,2
Circuit BLANC
+ TD

95,2

• Circuit Blanc *TD+* **n° 3**

Ce circuit, tracé par Patrick Cordier dans les années soixante-dix et un peu modifié quelques années plus tard, est l'un des plus beaux des Trois Pignons.

Il est en général peu exposé, toujours très technique, varié et toujours très difficile. L'enchaînement des passages de ce circuit est un test pour l'escalade de haute difficulté.

ACCÈS AU CIRCUIT

De Milly-la-Forêt, rejoindre P3. De là, prendre la route de la Vallée Close sur 800 m environ. Un sentier à droite (sud) permet de passer entre les deux pignons du 95.2. Par une sente bien marquée, suivre le pied du pignon de gauche. Le départ se situe sur la face surplombante d'un gros bloc 20 m avant celui du circuit Bleu.

COTATIONS

1	V	Le kilo de beurre	20	V
2	V+	La Poincenot	21	V −
3	V+		22	V+
4	VI−		23	V+
5	VI		24	V+
6	VI−		25	VI−
7	VI− (sans l'arête)		26	V
8	V		27	V
9	V		28	V −
10	VI−		29	V −
11	VI−		30	VI−
12	V+		31	V+
13	V+		32	VII−
14	V−		33	VI−
15	V−		34	V+ (morphologique)
16	V−		35	V+
17	V+		36	V
18	IV		37	VI (fissure directe)
19	VI−			

177

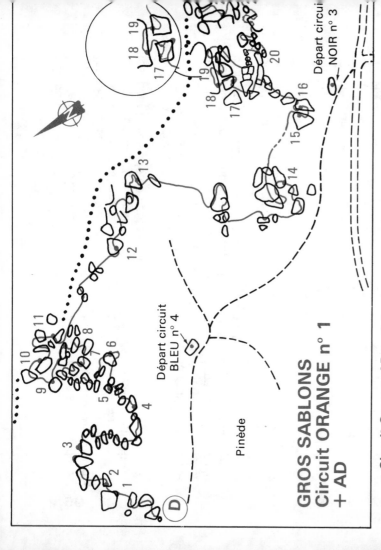

GROS SABLONS
Circuit ORANGE n° 1
+ AD

• Circuit Orange AD+ n° 1

Tracé par Pierre Nédélec en 1958, ce circuit est à la fois très long, très varié et intéressant du début à la fin. Serpentant sur le flanc sud de la platière des Gros Sablons, il totalise un dénivelé nettement supérieur à celui de l'escalade proprement dite, ce qui en fait un extraordinaire parcours d'entraînement. Les passages sont toujours techniques et plaisants, interrompus par quelques « sections de repos ». Mais le grimpeur fatigué pourra trouver la partie finale trop soutenue.

Comme pour le Mauve de la Dame Jouanne et l'Orange de l'Éléphant, l'Orange des Gros Sablons est un excellent test de la forme du grimpeur.

ACCÈS AU CIRCUIT

De P3, suivre la route de la Vallée Close sur 1,2 km jusqu'à une route goudronnée. Traverser en biais à droite (sud-est) la première partie de la pinède (100 m environ) et emprunter à gauche une sente qui monte légèrement jusqu'au départ, qui se situe sur les premiers blocs.

178

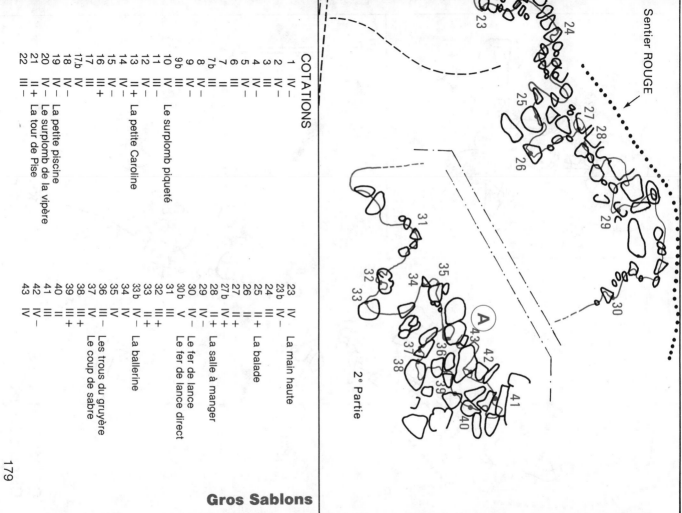

Gros Sablons

Sentier ROUGE

2e Partie

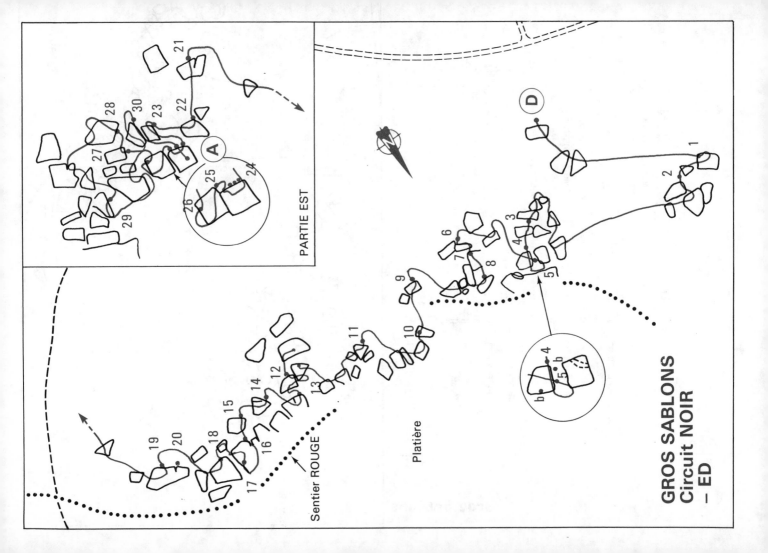

PARTIE EST

GROS SABLONS
Circuit NOIR
– ED

Sentier ROUGE

Platière

• Circuit Noir/Blanc *ED – n° 3*

Tracé en 1972 par Jacques Olivet, c'est un magnifique circuit très athlétique, très exposé, qui parcourt les plus belles voies du Rempart et de la Fosse aux Ours. Son originalité est d'avoir su combiner l'extrême exposition et la très haute difficulté des passages au même titre que les circuits Noirs du Cuvier-Rempart et de Malesherbes conçus à la même époque.

ACCÈS AU CIRCUIT

De P3, suivre la route de la Vallée Close. 300 m plus loin, prendre la route du rocher des Souris, qui rejoint le chemin de la Plaine de Jean des Vignes, que l'on suit sur la gauche jusqu'à une bifurcation. Emprunter alors le chemin de la Gorge au Poivre à droite sur 700 m environ. Tourner ensuite à gauche dans un bon chemin qui vient buter sur l'allée au Pied des Monts (sable). Le départ se trouve sur le premier gros bloc à 50 m en oblique sur la gauche.

COTATIONS

D	V+	La Popo
1	V	La mandarine
2	IV+	La râpeuse
3	IV	La fente
4	V+	La piscine
4b	VI	L'expolivet
5	IV+	La toile cirée
6	IV+	La tête
7	V	Les jambes
8	V	La colique
9	V+	La main basse
10	V+	La brosse à dents
11	V+	L'iguane
12	V	Le mobile
13	V	L'anti-Lerch
14	V+	Le croque-monsieur
15	VI–	La didi
16	V	La fusée
17	IV+	Le treuil
18	V	Le bivouac
19	V+	L'Éverest
20	VI	Le suppositoire
21	VI–	La patinoire
22	V+	Le hachoir
23	V	La Bérézina
24	V+	L'escalier
25	V	L'angle gauche
26	VI	La bande première
27	V	La chauve-souris
28	V	Les parallèles
29	V	L'ordure
30	IV+	La possible
A	VI	La pipicaca
Ab	VI	La fissure de la liberté

181

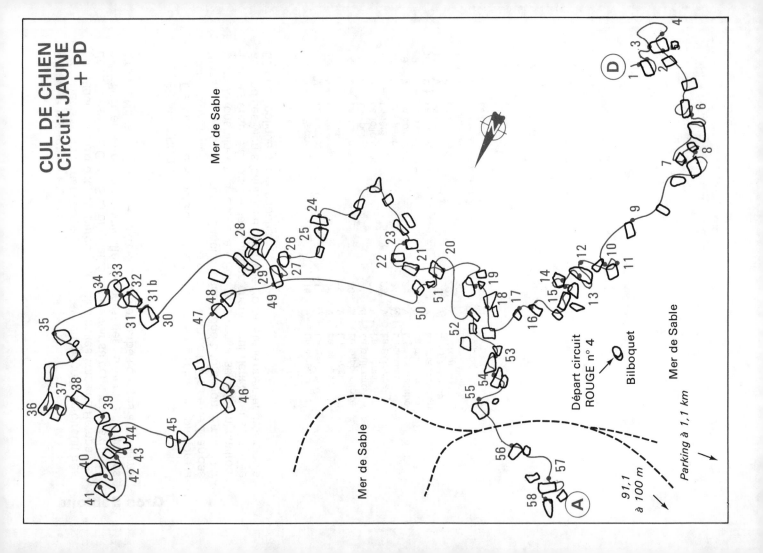

• **Circuit Jaune** *PD+* n° 3

Tracé par l'U.S.I. (F.S.G.T.), c'est un circuit très classique et très fréquenté qui propose un grand nombre de passages polymorphes. Il est en général peu exposé. Les grimpeurs non aguerris éprouveront quelques difficultés à le parcourir d'un seul trait.

ACCÈS AU CIRCUIT

De P4, suivre le chemin de la Plaine de Jean des Vignes. 500 m plus loin, prendre à droite le chemin de la Roche aux Sabots. Laisser à gauche une grande étendue de sable. Quitter le chemin à l'endroit où il tourne franchement sur la gauche. Rejoindre deux gros blocs évidents : départ.

COTATIONS

D	= −	31	III −
1	= −	32	= −
2	= −	33	= −
3	= −	34	= +
4	= = −	35	= −
5	= = +	36	= +
6	= = +	36b	= +
7	= = +	37	= +
8	= = +	38	= +
9	= = +	39	= +
10	= − +	40	= +
11	= = −	41	= −
12	= =	42	III −
13	= =	43	III −
14	= = −	44	= −
15	= = −	45	= −
16	= = −	46	= −
17	= = +	47	= +
18	= = −	48	= +
19	= = −	49	III +
20	= = −	50	III +
21	= = +	51	= +
22	= = +	52	= +
23	= = +	53	III −
24	= = −	54	III −
25	= = −	55	= −
26	= = −	56	= −
27	= = −	57	= −
28	= = +	58	= −
29	= = +		
30	= = −		

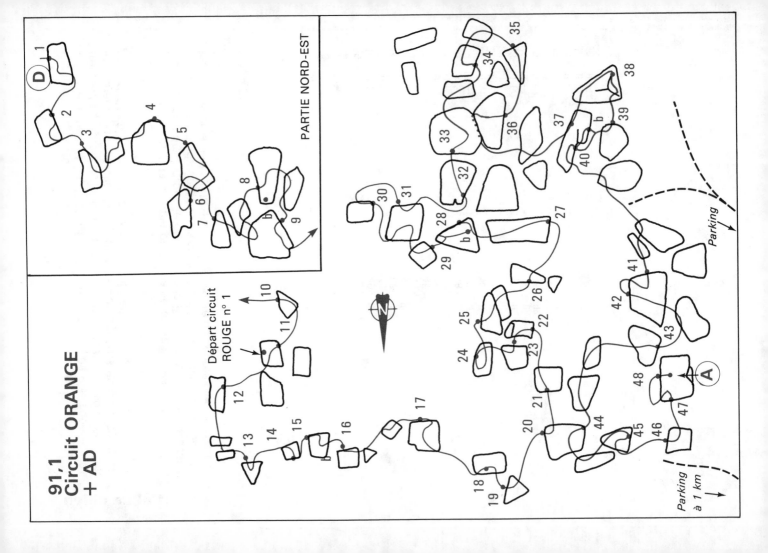

91,1
Circuit ORANGE
+ AD

PARTIE NORD-EST

Départ circuit
ROUGE n° 1

Parking

Parking
à 1 km

91,1

• Circuit Orange AD+ n° 2

Ce circuit conçu en 1966 par Mme Fédoroff et MM. Fédoroff, Laloup, Nédélec et Schwartz, se caractérise par la variété des passages et l'homogénéité de ses difficultés. Il est toujours très technique mais peu athlétique. Quelques passages sont exposés. Une chaîne a été mise en place pour faciliter la descente du n° 28 *bis*, qui, en libre, est un IV-/IV. (S'assurer de la présence de la chaîne. Attention, ce n'est pas une corde de rappel !)

ACCÈS AU CIRCUIT

De P4, suivre le chemin de la Plaine de Jean des Vignes sur 500 m. Prendre le chemin de la Roche aux Sabots en oblique sur la droite sur 100 m. Suivre une sente en biais à gauche qui monte et qui rejoint le sommet du pignon. Le traverser et, par une légère descente, atteindre les gros blocs du flanc nord-est. Le départ se trouve à l'extrémité est de ce groupe.

COTATIONS

1	III –	25 b	III +
2	II –	26	IV
3	III +	27	III +
4	III +	28	IV –
5	III +	28 b	III +
6	III +	29	III –
7	III	30	III +
8 b	IV	31	III +
9	IV	32	III –
10	III +	33	III +
11	II	34	III +
12	IV –	35	III –
13	IV –	36	III
14	III +	37	III
15	III –	38	III
16	IV –	39	III
16 b	IV	40	III +
17	II +	40 b	III +
18	II +	41	III –
19	V	42	III +
20	III –	43	III +
21	III –	44	III +
22	III –	45	III +
23	III +	46	III +
24	IV –	47	III +
25	III +	48	IV

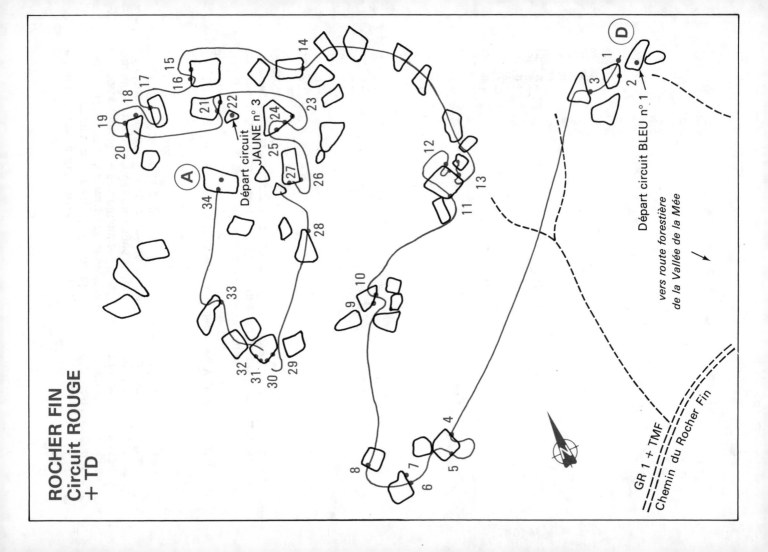

ROCHER FIN
Circuit ROUGE
+ TD

Départ circuit JAUNE n° 3

Départ circuit BLEU n° 1

vers route forestière
de la Vallée de la Mée

GR 1 + TMF

Chemin du Rocher Fin

Rocher Fin

- **Circuit Rouge TD+ n° 4**

Tracé par l'U.S.I. (F.S.G.T.), ce circuit propose un ensemble de belles voies très difficiles, malheureusement sans rocher intermédiaire. Certains passages sont très athlétiques, l'ensemble est en général peu exposé. Les grattons des n°s 17 et 26 sont particulièrement douloureux.

Ce circuit revient vite en condition après la pluie.

ACCÈS AU CIRCUIT

De P5 (cf. Trois Pignons Sud), suivre vers le nord-est le chemin de Melun au Vaudoué. 700 m plus loin, prendre à gauche le GR1 qui suit le chemin du Rocher Fin d'abord vers le nord, puis vers le nord-est. 800 m plus loin, une sente bien marquée monte vers le sommet du pignon. Le départ se situe sur un haut bloc à la base du pignon et à droite de la sente qui mène au sommet.

COTATIONS

1	V	18	VI−
2	V+	19	V+
3	IV+	20	VI−
4	IV+	21	VI−
5	V+	22	IV+
6	V+	23	V−
7	V+	24	V+
8	IV+	25	IV+
9	V−	26	VI
10	V	27	V+
11	V	28	V+
12	IV+	29	V−
13	V+	30	V−
14	V+	31	IV+
15	IV+	32	IV+
16	V+	33	V
17	V+	34	V−

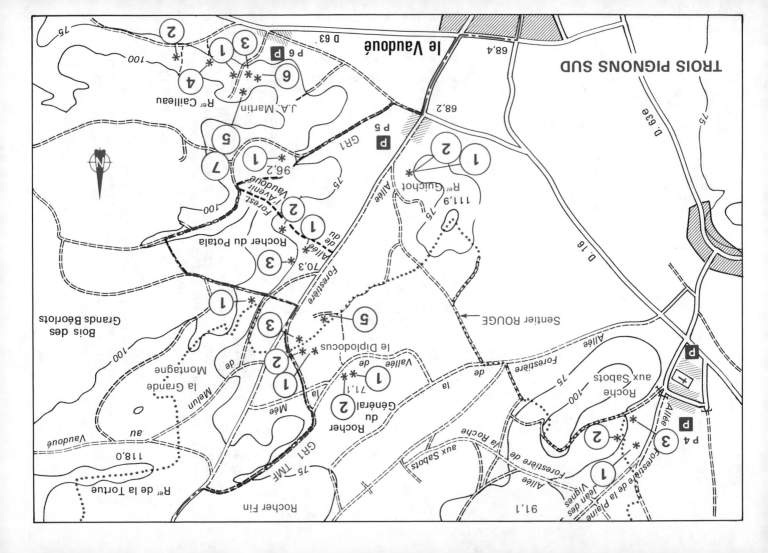

TROIS PIGNONS SUD

Présentant les mêmes caractéristiques du point de vue de l'escalade que les Trois Pignons Centre, le massif des Trois Pignons Sud, situé à l'entrée du cirque des Trois Pignons, est constitué des massifs qui portent le nom de Roche aux Sabots, 71,1 (Rocher du Potala), Grande montagne, 96,2, J.A. Martin et Rocher Guichot.

ACCÈS AU MASSIF

En voiture : de l'autoroute A6, sortir vers Fontainebleau et prendre la direction de Cély puis de Milly-la-Forêt par la D 410/D 372. De Milly, prendre la D 141E/D 16 (direction Le Vaudoué) jusqu'au carrefour situé à l'entrée du Vaudoué. Tourner ensuite sur la gauche direction Achères (D 63). Pour P5, tourner à gauche 250 m plus loin et emprunter le chemin de la Fontanette (chemin d'abord goudronné puis en terre) jusqu'au parking.

Pour P6, du carrefour à l'entrée du Vaudoué, prendre à gauche la D 63 sur 1 km. Le parking se trouve à gauche en contrebas de la route juste avant un léger virage sur la droite.

A pied : par le GR1 ou le T.M.F., rejoindre P5 ou P6.

LES CIRCUITS :

ROCHE AUX SABOTS (29/11)

C'est le petit Cuvier des Trois Pignons.

• **Jaune** *PD* n° **2 :** 25 numéros. Auteur : Club Montagne de Sainte-Geneviève-des-Bois (F.S.G.T.). Circuit un peu inégal, technique et peu exposé. La seconde partie en sous-bois sèche très lentement.

Départ : de P4 (*cf.* Trois Pignons Centre), rejoindre le chemin forestier qui part en biais à droite du cimetière et, 200 m plus loin, prendre à gauche le sentier rouge des Trois Pignons qui conduit au départ du Rouge n° 3 juste à droite d'une étroiture.

• **Bleu** *D* n° **1 :** *cf.* page 195.

• **Circuit Rouge** *TD+* n° **3 :**   34 numéros. Il est très technique, très athlétique et peu exposé.

Auteur et départ : *cf.* circuit jaune n° 2.

71,1 (29/12) (ROCHER DU GÉNÉRAL)

• **Jaune** *PD* n° **2 :** non numéroté. Malgré quelques beaux passages, circuit manquant d'intérêt.

Départ : *cf. départ Vert* n° 1 page 197.

• **Vert** *D+* n° **1 :** *cf.* page 197.

DIPLODOCUS (29/13)

• **Vert** *PD* n° 5 : ce circuit très effacé exploite des petits rochers à une centaine de mètres au sud-ouest du Diplodocus.

Départ : de P5, suivre le chemin de Melun au Vaudoué. 600 m plus loin, tourner à gauche pour rejoindre le sentier rouge des Trois Pignons (100 m). Départ sur un bloc au-dessus d'un bivouac.

• **Jaune** *PD* n° 1 : *cf.* page 199.

• **Orange** *AD+* n° 2 : 23 numéros + 6 *bis*. Auteurs : Mlle Sylvie Richard et MM. Bau, Dulphy, Maine et Zaegel. Tracé sur de petits blocs (sauf le Diplodocus évidemment), c'est un circuit intéressant et varié et parfois athlétique qui constitue un bon échauffement pour le circuit Bleu *D*.

Départ : de P5, suivre le chemin de Melun au Vaudoué sur 700 m. Prendre à gauche le chemin du Rocher Fin (GR1 et T.M.F.). 100 m plus loin, prendre à gauche le sentier rouge des Trois Pignons. Départ sur un bloc en bordure à droite.

• **Bleu** *D* n° 3 : *cf.* page 199.

VALLÉE DE LA MÉE (29/14,1)

Les rochers situés sur le flanc ouest du Rocher du Potala sont bien exposés et sèchent rapidement.

• **Vert** *AD* n° 2 : *cf.* page 201.

• **Bleu** *D* n° 1 : 39 numéros + 16 *bis*. Auteurs : Mme Fédoroff et MM. Fédoroff, Laloup, Nédélec et Schwartz en 1965. Beau circuit intéressant, régulier en difficulté et peu exposé.

Départ : de P5, suivre le chemin de Melun au Vaudoué. 400 m plus loin, tourner à droite dans un chemin bien marqué, allée forestière de l'Avenir du Vaudoué (pompe O.N.F. - *eau non potable*). 50 m après, une sente sur la gauche conduit au premier bloc du circuit.

• **Bleu clair** *TD* n° 3 : 21 numéros. Auteur : Jean-Philippe Nogier. Circuit court mais très intéressant.

Il sera sans doute prolongé ultérieurement en y incluant certains passages fléchés en blanc (doigts fragiles s'abstenir !).

Départ : de P5, suivre le chemin de Melun au Vaudoué. 500 m plus loin, prendre à droite le chemin des Béorlots sur une trentaine de mètres puis emprunter un sentier sur la droite (sud-est). Le départ se trouve sur le premier gros bloc à gauche de ce sentier.

LA GRANDE MONTAGNE (29/14,2)

• **Vert** *AD* + n° 1 : dernier tronçon du super-parcours montagne (D-E) étudié pour être réversible, il suit une série de rochers de la crête de la Grande Montagne à l'escalade variée et inégale, *cf.* page 201.

Départ : de P5, suivre le chemin de Melun au Vaudoué sur 500 m puis à droite le chemin des Béorlots sur 300 m. Le départ se trouve sur un petit bloc à gauche au début de la montée vers la platière des Béorlots.

96,2 (29/15,2)

Le 96,2 est un pignon situé entre la vallée de la Mée et le J.A. Martin (118,4) dont le seul intérêt pour les grimpeurs est de proposer le deuxième tronçon du parcours montagne (B-C), *cf.* page 201.

- **Vert *PD* + n° 1** : peu soutenu et fastidieux.

Départ : de P5, une sente à droite (sud-est) conduit en 200 m au chemin de la Cathédrale suivi par le GR1. Le suivre sur la gauche jusqu'au chemin de Longvaux, que l'on prend à droite. Départ 100 m plus loin, en bordure à gauche.

J.A. MARTIN (29/15,1)

La zone regroupe plusieurs chaos rocheux assez denses offrant beaucoup de circuits intéressants. L'été, la chaleur souvent étouffante, peut y rendre l'escalade pénible.

- **Circuit Jaune *PD* – n° 1** : 28 numéros. Auteur : une section montagne F.S.G.T. C'est un bon circuit d'initiation, varié et peu exposé.

Départ : de P6, suivre le chemin forestier vers le nord jusqu'à une clairière. Départ à son extrémité droite.

- **Vert *AD* n° 2** : non numéroté. Actuellement très effacé, ce petit circuit intéressant parcourt la partie est du massif ; il est parfois exposé.

Départ : de P6, suivre la D 63 vers l'est sur 100 m puis un chemin forestier en biais à gauche sur 150 m (clairière). Un sentier à gauche vers le nord conduit en 60 m au niveau du départ du circuit situé sur un petit bloc à droite.

- **Vert *AD* n° 3** : premier tronçon (A-B) du super-parcours montagne. Inégal, quelquefois exposé avec des prises très polies, *cf.* page 201.

Départ : de P6, suivre un chemin forestier vers le nord jusqu'à une clairière. Départ sur un bloc en bordure gauche de la clairière.

- **Vert *AD* + n° 4** : 30 numéros. Malgré quelques beaux passages, ce circuit est rendu pénible par une suite de rétablissements athlétiques.

Départ : de P6, suivre la D 63 vers la droite (est) sur 100 m puis un chemin forestier en oblique à gauche. 80 m plus loin, prendre le premier sentier à gauche (nord) qui conduit au départ du circuit.

- **Bleu clair *D* – n° 5** : *cf.* page 203.
- **Bleu *D* + n° 6** : 43 numéros. Auteur : Club montagne de Sainte-Geneviève-des-Bois (F.S.G.T.). Intéressant, varié et assez peu soutenu, ce circuit parcourt la partie ouest du J.A. Martin. Quelques passages exposés.

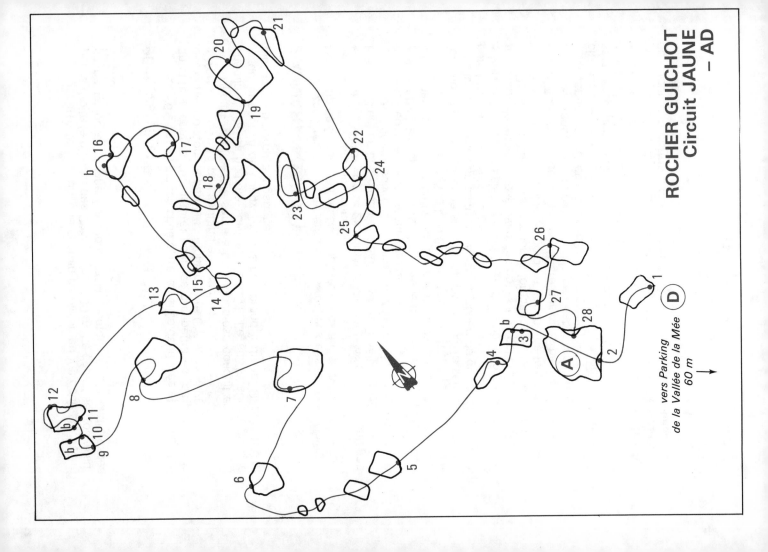

ROCHER GUICHOT
Circuit JAUNE
– AD

Départ : suivre le début du circuit Vert n° 3. Départ sur la partie surplombante du sixième bloc.

- **Rouge** *TD+* **n° 7 :** 48 numéros. Auteur : Club montagne de Sainte-Geneviève-des-Bois (F.S.G.T.). Très bel ensemble de passages variés, très techniques, esthétiques, parfois exposés. Un seul reproche : le manque de passages intermédiaires.

Départ : de P6, suivre le chemin vers le nord. Traverser une clairière. Le chemin se transforme alors en un sentier que l'on quitte à l'endroit où il oblique à droite. Continuer droit en montant jusqu'à une grande dalle caractéristique à gauche de la fissure de la Grand-Mère.

ROCHER GUICHOT (29/16)

Petit massif à proximité de P5 présentant peu de rochers mais un ensemble de passages intéressants. A éviter par temps humide car il est en sous-bois.

- **Rouge** *TD+* **n° 1 :** 32 numéros. Auteurs : MM. Berger et Nael, de l'Union Sportive de Bagnolet (F.S.G.T.). Certains passages de ce circuit conviennent particulièrement aux grimpeurs de grande taille et d'autres à ceux qui supportent l'escalade sur gratons « agressifs ». Il est regrettable qu'il ne soit pas plus fréquenté.

Départ : de P5, une sente à gauche (nord-ouest) mène en 70 m au départ.

- **Circuit Jaune** *AD* **– n° 2**

Tracé par Mme Queyrot et M. Nael, ce circuit complète l'équipement du Rocher Guichot. De longueur moyenne, il est athlétique, très technique et irrégulier avec quelques passages d'un bon niveau *AD*.

Départ : de P5, une sente à gauche (nord-ouest) conduit en 60 m au départ du circuit.

ACCÈS AU CIRCUIT

COTATIONS

1	III −	8	II −	
2	II −	9	II −	
2b	II	9b	III −	
3	III −	10	III	
3b	III +	10b	II	
4	III −	11	III	
5	III −	11b	III +	14	III +	22	II −
6	III −	12	III +	15	II +	23	III
7	III −	13	III −	16	II +	24	III −
				17	II +	25	II −
				18	III +	26	II −
				19	III	27	II −
				20	II +	28	III −
				21	II +		
				21b	II +		

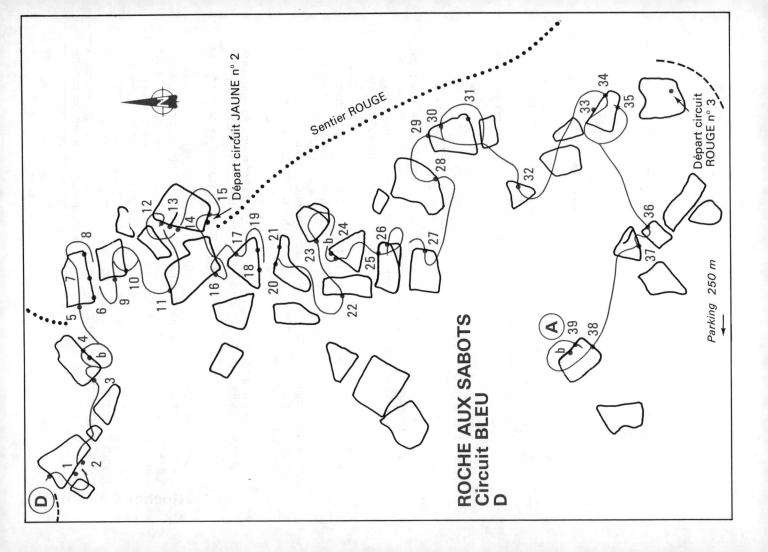

ROCHE AUX SABOTS
Circuit BLEU
D

Parking 250 m

Départ circuit JAUNE n° 2

Sentier ROUGE

Départ circuit ROUGE n° 3

• **Circuit Bleu *D* n° 1**

Tracé par le Club montagne de Sainte-Geneviève-des-Bois (F.S.G.T.), ce circuit est d'une remarquable régularité, très technique, varié et peu exposé. Il exploite consciencieusement le nombre restreint de rochers du massif et pourra peut-être lasser le grimpeur qui n'aime pas passer quatre fois de suite sur le même bloc.

ACCÈS AU CIRCUIT

De P4 (*cf.* Trois Pignons Centre), rejoindre le chemin forestier qui part en biais à droite du cimetière (nord-est) et, 200 m plus loin, prendre le sentier rouge des Trois Pignons sur la gauche. On passe devant les départs des circuits Rouge et Jaune. Quitter le chemin après avoir traversé la zone des gros blocs pour trouver, 40 m à gauche, le départ du circuit Bleu.

COTATIONS

D	IV—		22	III+
1	IV—		23	III+
2	IV—		24	IV
3	IV—		24b	IV
4	III+		25	IV
4b	III+		26	IV—
5	IV		27	III+
6	IV		28	IV—
7	III+		29	III
8	IV		29b	IV—
9	IV—		30	IV—
10	IV—		31	III+
11	IV—		32	IV—
12	IV—		33	IV—
13	IV—		34	IV—
14	IV—		35	IV—
15	IV—		35b	IV—
16	IV—		36	III+
17	III+		37	IV—
18	IV—		38	IV
19	IV—		39	IV
20	V—		39b	IV+
21	IV			

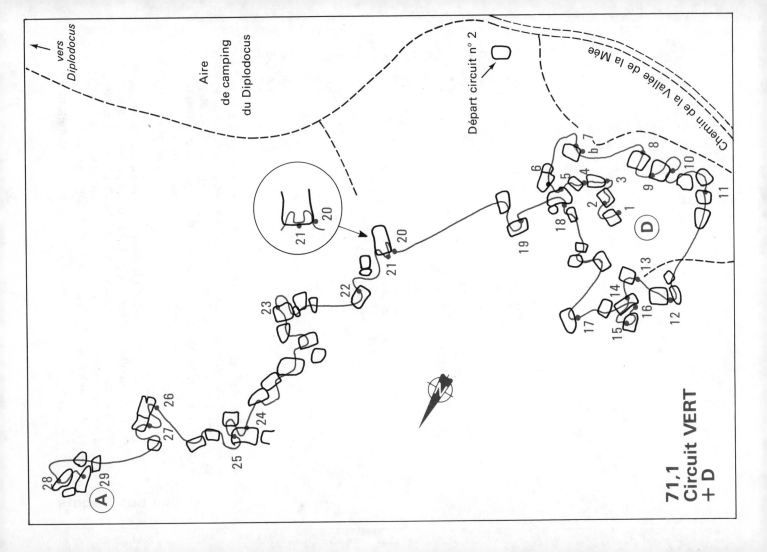

71,1
Circuit VERT
+ D

vers
Diplodocus

Aire
de camping
du Diplodocus

Départ circuit n° 2

Chemin de la Vallée de la Mée

- **Circuit Vert D+ n° 1**

Ce circuit est tracé dans un cadre forestier, qui surprendra l'habitué des Trois Pignons.

Il est très intéressant, quoique peu soutenu et un peu inégal. Quelques passages sur grattons « agressifs » !

Après la pluie, les blocs et le sol restent longtemps humides.

ACCÈS AU CIRCUIT

De P5, suivre le chemin de Melun au Vaudoué sur 800 m. Prendre à gauche le chemin du Rocher Fin (GR1 et T.M.F.), 300 m plus loin, tourner à gauche dans le chemin de la Vallée de la Mée qui traverse l'aire de bivouac dit du « Diplodocus ». A l'extrémité de la zone dégagée, prendre une sente qui passe à gauche du départ du circuit Jaune n° 2 puis en contrebas d'un surplomb caractéristique. Le départ se trouve sur le troisième bloc en bordure droite de la sente après le surplomb.

COTATIONS

1	IV −		15	IV +
2	IV +		16	V −
3	III		17	V +
4	IV −		18	IV −
5	IV −		19	IV
6	III +		20	IV +
7	IV		21	IV
7b	III +		22	IV +
8	V		23	IV
9	IV +		24	V −
10	IV −		25	IV
11	IV		26	IV
12	IV		27	IV
13	IV		28	IV
14	IV		29	V −

71,1

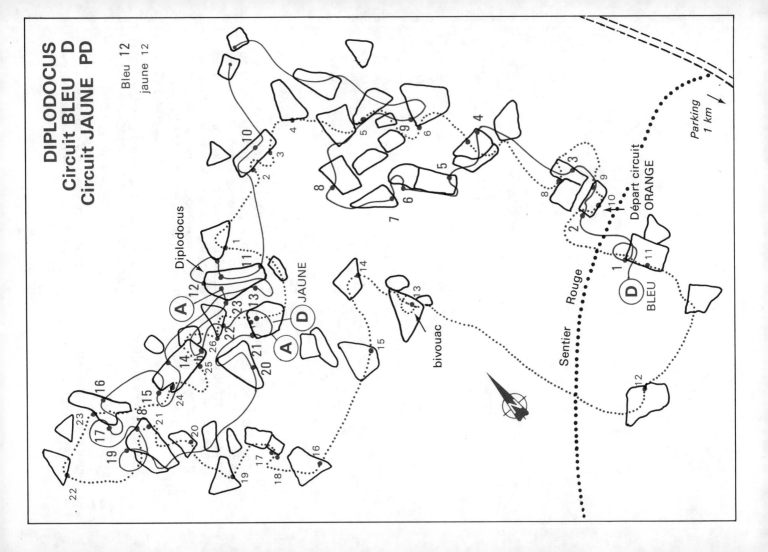

• Circuit Jaune PD n° 1

Tracé par le Club montagne de Sainte-Geneviève-des-Bois (F.S.G.T.) et modifié par Jean-Claude Beauregard, ce circuit, toujours peu exposé, est un magnifique terrain d'initiation à l'escalade.

ACCÈS AU CIRCUIT

De P5, suivre le chemin de Melun au Vaudoué sur 800 m puis à gauche le chemin du Rocher Fin (GR1 et T.M.F.). 100 m plus loin, prendre à gauche le sentier rouge. Au niveau du départ du Bleu (bloc à gauche) le quitter pour rejoindre le Diplodocus (le plus haut rocher du groupe). Départ sur un gros bloc à proximité.

COTATIONS

D II –	7 II –	13 II –	20 II +
1 II –	8 I –	14 III –	21 I +
2 II +	9b III –	15 II –	22 II –
3 II +	10 IV –	16 III –	23 II –
4 III +	11 III –	17 II +	24 III –
5 II +	12 II –	18 II +	25 II +
6 II –		19 II +	26 II +
			A II +

• Circuit Bleu D n° 3

Ce très beau circuit a été conçu par Mlle Syvie Richard, MM. Bau, Dulphy, Maine et Zaegel. Étant relativement court, il ne gardera tout son intérêt qu'à condition de respecter toutes les traversées et descentes fléchées. Il est technique, homogène, varié.

ACCÈS AU CIRCUIT
Cf. circuit Jaune n° 1.

COTATIONS

D	IV –	Le Nostromo	
1	IV –	Le mur des pygmées	13 IV – La Kick
2	IV –	La murène	14 V La dalle teflon
3	IV –	Le rouleau compresseur	15 IV L'index
4	III +	L'angle Sylvie	16 IV La fissure des boulangers
5	IV –	La dune	17 IV + La crache biceps
6	IV –	La micro bulle	18 IV – L'écartelé
7	IV –	Le surplomb de la girafe	19 IV – La faussbourreflop
8	IV –	Le poing d'aide	20 IV + Le cercle de Mohr
9	IV –	Rattle Snake	21 IV + Le réta du gibbon
10	IV –	La TGV (traversée grande vitesse)	22 III + La dalle du plésiosaure
11	IV +	La pousse-rapière	22b IV – La Gemini Cric Crac
12	IV +	Le deltaplane	23 IV – La mâchoire du diplodocus
			23b IV + La dent creuse

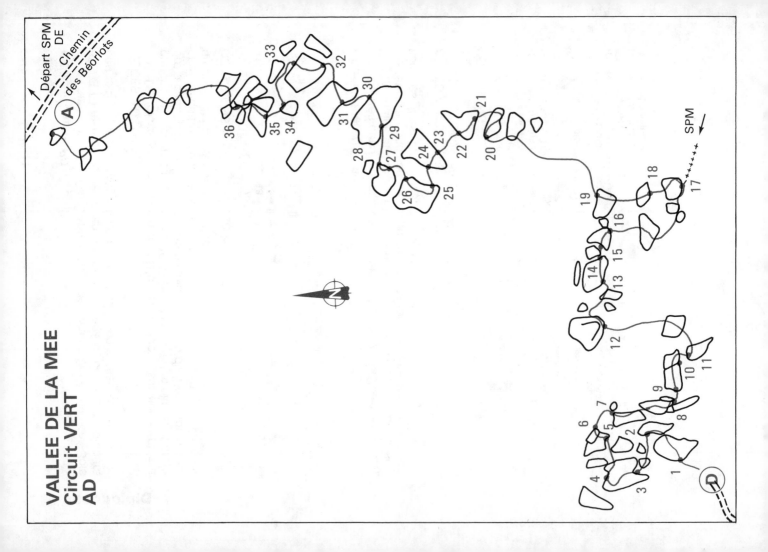

VALLEE DE LA MEE
Circuit VERT
AD

Départ SPM

Chemin DE des Béorlots

A

SPM

N

• **Circuit Vert AD n° 2.**

Tracé par Jacques Meynieu et des camarades du C.A.F. Ce circuit est actuellement partiellement commun au super-parcours montagne dont il formait à l'origine le troisième tronçon. Bien que peu soutenu et inégal, il est intéressant à parcourir pour la variété de ses passages. Cette zone assez dégagée favorise les conditions de l'escalade après la pluie.

Le super-parcours montagne a été tracé à l'origine pour simuler la continuité de l'effort d'une course de niveau moyen en montagne. Une de ses caractéristiques importantes est de pouvoir être parcouru dans un sens comme dans l'autre. Il est constitué de quatre tronçons :

1. J.A. Martin - 118,4 : circuit Vert AD n° 3 du J.A. Martin ;
2. 96,2 : circuit Vert AD n° 2 du J.A. Martin ;
96,2 ;
3. Vallée de la Mée-Rocher du Potala : *cf.* circuit Vert AD n° 1 du 96,2 ; crête sud du Rocher du Potala : circuit Vert PD + n° 1 du de la Grande Montagne.
4. Grande Montagne, flanc ouest et crête : circuit Vert AD + n° 1 de la Grande Montagne.

L'aller-retour de l'ensemble en moins de quatre heures constitue une performance remarquable.

ACCÈS AU CIRCUIT

De P5, suivre le chemin de Melun au Vaudoué. 400 m plus loin, tourner à droite dans un chemin bien marqué, l'allée forestière de l'Avenir du Vaudoué (pompe O.N.F. - *eau non potable*), qui se transforme en sentier et mène en 150 m près du bloc de départ situé sur la gauche et en bordure d'une grande zone dégagée.

COTATIONS

1	III	Le Klem
2	III	L'écartelée
3	IV−	Le rouleau californien
4	III−	La traversée des confettis
5	II−	Le pendu
6	IV	Le baquet de Pierre
7	III	Le pas de la mule
8	IV−	Le feuillet décollé
9	III+	Le pousse-pied
10	II	La feuille
11	II−	L'envers du poussin
12	III−	L'accroupie
13	III	Les petits rognons
14	III−	La cheminée de l'obèse
15	II−	La cheminée de tout le monde
16	IV	Les pattes de mouche
17	IV	La vire tournante
18	IV−	Le Cervino
19	III	Les erreurs de main
20	IV+	Le mauvais angle
21	III−	L'allonge de l'escalier
22	IV	Le mauvais pas
23	III	Les deux fissures
24	II−	La marche-pied
25	II−	La coiffe de bruyère
26	II+	Les petites vires
27	II−	La petite murette
28	II−	Le petit ventre
29	II−	Le petit dièdre
30	III	La fissure humide
31	V−	La fissure au marbre
32	V−	Les deux baignoires
33	V	Les petits pieds
34	II	La petite fissure
35	II	La bleausarde
36	IV	La dalle des tortues jumelles

Vallée de la Mée

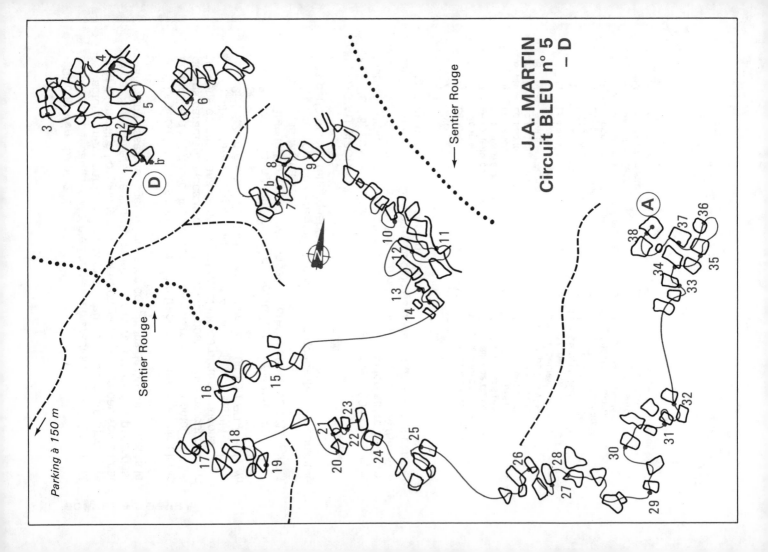

J.A. MARTIN
Circuit BLEU n° 5
– D

• **Circuit Bleu clair** *D* – n° 5

Tracé par M. Deschenaux dans les années 1955-1960, c'est un très beau et très long circuit, varié et esthétique avec certaines sections assez athlétiques. Il est en général peu exposé. L'affaissement du sol dû aux chutes répétées des grimpeurs a considérablement augmenté la difficulté de certains passages, ce qui explique qu'elles ne correspondent plus au niveau d'ensemble.

ACCÈS AU CIRCUIT

De P6, suivre un chemin forestier vers le nord. Traverser une clairière. Le chemin se transforme alors en un sentier qui monte et que l'on quitte pour continuer droit vers la fissure de la Grand-Mère, départ du circuit (à droite du départ du circuit Rouge *TD+*).

COTATIONS

1	IV	La fissure de la grand-mère
1b	III+	L'arête des ribaudes
2	III+	La grandissime
3	IV	La dalle de l'as
4	III	La traversée du gros Qube
5	III	Le point d'Alençon
6	IV–	La Moby
6b	IV–	
7	II	La dalle des veaux doués
7b	V	La truande
8	IV+	La picrate
9	IV+	La fissure de 4 phalanges
10	III+	La voie de la raie
11	III	La râpeuse
12	IV–	La Dominique
13	IV–	Le moulin à vent
14	IV–	Le surplomb de l'urgence
15	III+	La fissure des maudits chasseurs
16	III+	La fente
17	III	L'écartelée
18	IV	Le petit mur jaune
19	IV–	Les grattons
19b	IV	L'arête du poisson
20	III+	La dalle du 14e dimanche
21	III	Les manettes
22	III	La camomille
23	IV–	La Chouchounet
24	IV–	L'amuse-gueule
25	III	L'arête des Hu-Bleau
26	III+	La traction avant
27	III+	La molto esposito
28	III+	La coincée
29	III+	Le plein à bras
30	IV–	L'anodin
31	III	La fissure
32	IV–	Le mur cassé
33	III	La dalle des morpions
34	IV+	La Samson
35	III	La dalle de la femelle
36	III	La châtaigne
37	IV–	La traversée sans retour
38	III	La dalle aux étages

J.A. Martin

203

LA RANDONNÉE BLEAUSARDE

Parler d'une randonnée spécifique du massif de Fontainebleau n'est pas un abus de langage. En dépit d'une altitude qui ne dépasse pas 150 m, le grand nombre de dénivellations, de chaos, de coulées de sable, de chemins cabossés, de platières encombrées de trous et de bruyère assimilent l'évasion pédestre à la randonnée en moyenne montagne. D'ailleurs, plus d'un site, le Coquibus en particulier, fait volontiers penser à l'Aubrac ou à quelque paysage de la Cévenne.

D'autres traits qui ressortissent à la nature accentuent cette personnalisation. Du fait de la primauté des terrains siliceux, le randonneur n'a pas à subir, même durant la mauvaise saison, cette dictature spongieuse qu'exercent maints chemins en Ile-de-France. En outre, les nombreuses plaques de résineux et de landes perpétuent toute l'année la vision d'une présence végétale.

Mais il y a aussi des éléments humains à prendre en compte, au premier rang desquels nous inscrivons la multitude de chemins (routes, layons) identifiés par un panneau. Saluons aussi l'inscription des séries végétales, précieux instruments pour se reconnaître quand on cherche son chemin. Une autre création originale et précieuse, c'est la zone biologique, d'où le randonneur certes est exclu mais pour le plus grand bien de la conservation d'espèces. Des zones de silence ont été également circonscrites.

Reste le réseau des balisages que d'aucuns estiment abusif parce qu'il arrive que deux tracés fassent double emploi. On ne prête qu'aux riches. Sentiers bleus, sentiers de grande randonnée, sentiers samoisiens, long sentier du tour du massif de Fontainebleau (T.M.F.), circuit des Trois Pignons se conjuguent pour faciliter au randonneur (non initié à l'usage combiné de la boussole et de la carte) sa progression. A tous ces balisages s'ajoutent ceux des circuits d'escalade. Phénomène de civilisation, serions-nous tenté de dire.

Il est bon de rappeler qu'au premier tiers du XIXe siècle, la forêt ne possédait guère de routes ni de layons. Et le sentier hélicoïdal du Mont Aigu est en quelque sorte le doyen de sa catégorie. Quant aux sentiers balisés, ils ont également pris naissance au siècle dernier.

Ce balisage fut commencé par un voiturier devenu par la suite concierge d'une caserne à Melun puis à Fontainebleau. Denecourt aménagea quelque 150 km de sentiers serpentant dans des chaos, des dédales, des futaies. Un modèle de tourisme pédestre en somme ! Il effectua aussi des aménagements de fontaines et c'est à lui qu'on doit le nom d'une tour qui domine une partie de la sylve. Des écrivains célébrèrent son œuvre. Théophile Gautier rédigea même une épitaphe très chaleureuse.

L'œuvre aurait pu tourner court mais elle fut prolongée par un autre « sylvain », Charles Prosper Colinet, fonctionnaire des Ponts et Chaussées. Il consacra quarante années de sa vie à ce travail de Petit Poucet. La médaille d'or du T.C.F. lui fut décernée en 1899.

Plus récemment, l'œuvre de Jean Loiseau qu'on peut à juste titre considérer comme le « père des sentiers de grande randonnée » s'exerça magnifiquement et de diverses façons. Inlassable randonneur, esprit curieux de tout, homme très cultivé, il offrit aux amateurs de la sylve une copieuse étude du massif et un inventaire imposant d'itinéraires non seulement en forêt mais à la périphérie. Il découvrit des grottes, identifia des signes rupestres, étudia passionnément la flore, la faune, le sol, la toponymie aussi. On peut dire que les créateurs des GR de la région parisienne se sont inspirés de sa méthode et de son esprit.

Nous parlerons de routes, de sentiers, de layons, mais nous n'inciterons jamais à la marche tout-terrains. Que ce livre soit l'objet d'un vaste succès et nous serions responsables de tapis de fougères foulés, de landes et de bruyère striées de pistes, de sous-bois meurtris. Le réseau des chemins est suffisamment dense pour qu'on accepte de s'y maintenir.

Une dernière indication en ce qui concerne les accès. Nous mentionnons les gares ou les arrêts de car. Les usagers de l'auto ou de la moto disposent de nombreux parcs de stationnement ; ils peuvent aussi laisser leur véhicule près d'une gare ou d'un village, quitte à recourir au train ou au car pour revenir à leur point de départ.

LISTE DES RANDONNÉES

1 - Entre Fontainebleau et Thomery.

2 - L'alliance du fleuve et de la forêt (de Chartrettes à Fontainebleau)

3 - Autour de Bois-le-Roi.

4 - Autour de Fontainebleau.

5 - Une succession de petites montagnes (de Moret à Bourron)

6 - La forêt en diagonale (de Bois-Rond à Moret)

7 - La montagne à 60 km de la capitale (d'Arbonne à Fontainebleau)

8 - Moulins, château, landes, rochers, futaies (de Courances à Bois-le-Roi)

9 - La grande Traversée (de Fontainebleau à Milly)

10 - Cocktail d'itinéraires (dans le triangle Auvernaux - La Ferté-Alais - Boutigny).

11 - L'apothéose des chaos rocheux (de Fontainebleau à Nemours)

12 - Grands espaces forestiers et campagnards (de Fontainebleau à Malesherbes)

13 - La haute Essonne (de Briares à Buno-Gironville)

14 - De l'Essonne à la Juine (de Buno-Gironville à Lardy)

15 - Vers les pays de la Loire (de Nemours à Dordives)

207

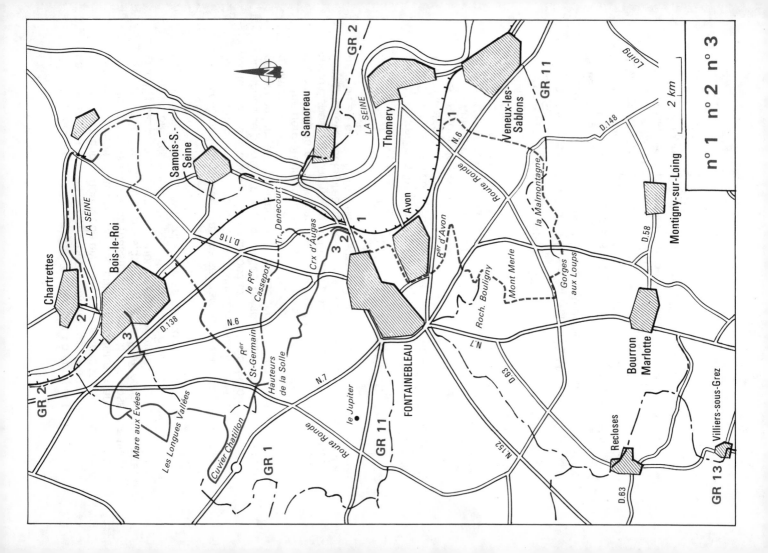

1. ENTRE FONTAINEBLEAU ET THOMERY

DURÉE : 5 heures au maximum, sans pratique de la varappe ; 20 km.

TYPE : facile. Relativement courte, cette randonnée s'adresse particulièrement à ceux qui s'initient soit à la randonnée soit à la varappe, ou qui entendent combiner la visite d'un des plus beaux monuments de l'Île-de-France (Stendhal considérait en effet le château de Fontainebleau comme un dictionnaire de l'architecture) avec l'insertion dans le domaine forestier.

CARACTÉRISTIQUES : en dépit d'un kilométrage modeste, cette sortie révèle plusieurs massifs gréseux, générateurs de belles vues, le Rocher Boulin apportant sa note toute personnelle en raison des taches sombres de résineux qui le revêtent. La fin du parcours est en futaie.

• Itinéraire

ACCÈS : au départ de Paris, prendre à la gare de Lyon le train pour Fontainebleau-Avon ; retour par Thomery pour Paris-Lyon.

Dès la sortie de la gare, s'écarter de la voie ferrée en empruntant une rue qui mène au parc. Là, une grande allée constitue un raccourci agréable pour accéder au palais. Il est également plaisant de descendre jusqu'au canal et de longer celui-ci, ce qui offre d'ailleurs l'occasion d'aller visiter l'originale église d'Avon, à charpente cintrée et à déambulatoire enrobant le chœur. Elle regorge de souvenirs sur des personnages illustres du Grand Siècle.

A la sortie du parc, au carrefour de Maintenon, un sentier Bleu permet de traverser le Rocher d'Avon (varappe possible). Il offre un joli point de vue dans sa partie orientale. Par la route Gabrielle, on atteint l'extrémité du Petit Mont-Chauvet, qui doit son nom à l'absence de futaies. Suivre le GR11 qui affronte les pentes du Rocher Bouligny (plaqué de mousse sur son versant septentrional) puis grimpe sur le Mont Merle, traverse un terrain militaire et se hisse sur le Rocher Fourceau. Au carrefour du Chevreuil, on se dirige vers le sud par la route des Forts de Marlotte, qu'on quitte au contact de la D 301. On entre dans le domaine romantique du Rocher Boulin. Par les routes Héron, de la Tranchée et Biron, on parvient au carrefour de la Malmontagne.

Belle vue depuis la partie septentrionale de la Malmontagne, qu'on quitte pour le Rocher des Princes. On aborde ensuite le Rocher Brûlé soit par la route de Montmorin, soit par celle de la plaine du Ruth, et, franchissant la route du Chêne Feuillu, puis la N. 6, on arrive en vue de la modeste gare de Thomery.

CARTE : N° 401, I.G.N., *Forêts de Fontainebleau et des Trois Pignons.*

2. L'ALLIANCE DU FLEUVE ET DE LA FORÊT
(de Chartrettes à Fontainebleau)

DURÉE : entre 5 heures et demie et 6 heures (23 km).

TYPE : randonnée facile jusqu'à la Butte Saint-Louis, accidentée notamment dans le massif du Rocher Saint-Germain. Possibilités de varappe dans ce massif.

CARACTÉRISTIQUES : cet itinéraire est très varié. Il offre un tête-à-tête préliminaire avec le fleuve puis révèle une partie de forêt mal connue, à belles futaies, d'où cependant les rochers sont absents. La première éminence, la Butte Saint-Louis, surprend par la rudesse de ses pentes et préfigure le relief accidenté du rocher Saint-Germain, dont la partie dominant la poétique vallée de la Solle forme un balcon. Le Rocher Cassepot est riche en vues aussi amples que variées.

• Itinéraire (croquis page 208).

ACCÈS : au départ de Paris, prendre à la gare de Lyon le train pour Melun ; changement pour Chartrettes, sur la ligne Melun-Montereau ; retour par Fontainebleau-Avon.

La gare de Chartrettes est relativement proche de la rive droite de la Seine que le GR2 suit de près sur environ 1,5 km. Puis il grimpe sur un talus d'où la vue sur le fleuve est très belle. On traverse la Seine à Fontaine-le-Port pour passer sur l'autre rive, auprès de laquelle on accède, après une courte incursion, dans la forêt. Le chemin, ombragé, longe ensuite la Seine face à une éminence boisée. On le quitte pour entrer dans la forêt en empruntant la route du Chêne-Tortu, qu'on suit jusqu'au carrefour du Porte-Arquebuse. Laissant à gauche la maison forestière, on traverse la D 116 et on suit la route de Sermaise à Samois jusqu'à la route Victor qui passe ensuite sous la voie ferrée. Après le carrefour de la Plaine Saint-Louis, suivre le sentier Bleu qui conduit au faîte de la Butte Saint-Louis, un des lieux les plus élevés de la forêt, où demeurent des vestiges d'un ermitage datant du règne de Saint Louis. Il y avait d'ailleurs, jadis, aux alentours, un village qui a disparu. En bas de la Butte, on franchit la N 6.

Un sentier Bleu, orienté nord-est sud-ouest, s'attarde dans le Mont Saint-Germain et par la route du Mont Saint-Germain on arrive à la Grotte aux Cristaux, connue au temps de Buffon mais redécouverte au siècle dernier. Un enchevêtrement de cristaux enrobe le plafond.

L'un des plus beaux passages de cette randonnée s'inscrit sur le balcon du Rocher Saint-Germain, qu'on descend ensuite en dominant la vallée sèche de la Solle (dont la flore est très intéressante). Dans la partie du Rocher Saint-Germain proche de la N 6, on peut faire de la varappe.

Traversant la N 6, on affronte le môle gréseux du Rocher Cassepot. Son nom semble dériver d'une plante, mais une autre explication est offerte : il évoquerait les amours clandestines du chevalier de Béthune... Sentier Bleu et route tournante sont très pittoresques, les vues sont très belles.

Sentier Bleu et GR1 conduisent conjointement à la Tour Denecourt, érigée au début du Second Empire, qui domine une magnifique frondaison depuis un éperon rocheux.

La dernière partie de la randonnée s'oriente grossièrement vers le sud. Il est commode d'arriver à la gare en empruntant soit le GR1, soit le sentier T.M.F., soit la route de la Tour Denecourt, soit des routes situées entre celle-ci et la route du Calvaire.

CARTE : n° 401, I.G.N. : *Forêts de Fontainebleau et des Trois Pignons.*

3. AUTOUR DE BOIS-LE-ROI

DURÉE : 5 heures sans pratique de la varappe (20 km).

TYPE : trois massifs rocheux étant longuement fréquentés, le parcours est en général accidenté, surtout dans le massif du Cuvier-Chatillon.

CARACTÉRISTIQUES : le début de la randonnée s'inscrit dans une partie de la forêt dépourvue de chaos et sans dénivellations mais agrémentée de très belles futaies, et surtout de l'ensemble aquatique de la mare aux Evées et de ses ramifications ; il s'agit pourtant d'une randonnée sportive en raison de nombreux passages accidentés et de multiples labyrinthes. Les trois massifs sont très différents : le Rocher Canon, nettement divisé en deux parties distinctes ; le Cuvier-Chatillon, constamment changeant et pourvu d'un magnifique rempart gréseux ; le Mont Ussy ajoutant sa note poétique aux abords mêmes de la ville de Fontainebleau.

● **Itinéraire** (croquis page 208).

ACCÈS : au départ de Paris, prendre à la gare de Lyon le train pour Bois-le-Roi ; retour par Fontainebleau-Avon, même ligne.

Au départ de la gare de Bois-le-Roi, il est préférable de suivre tout de suite le tracé du diverticule du GR1 plutôt que d'emprunter la route goudronnée, trop fréquentée. 300 mètres après le franchissement de la D 138, prendre la route forestière de la Mue (direction N.O.) jusqu'au carrefour du Berceau. La mare aux Evées est toute proche. Créée artificiellement, après neuf ans de travaux, et peuplée de fossés rayonnants, elle présente une flore intéressante. En faire le tour et, au carrefour Vauban, se diriger vers le sud (routes au choix) pour atteindre le Rocher Canon dans sa partie occidentale. Le traverser longitudinalement (varappe possible).

La dépression en lanière des Longues Vallées étant franchie, demeurer à l'ouest des Monts de Fays (zone de régénération végétale) pour accéder à la partie occidentale du massif du Cuvier-Chatillon. Descendre en direction du carrefour de l'Épine, aux abords duquel des rochers individualisés fournissent un excellent terrain de varappe. En progressant vers l'est, on atteint bientôt le Rempart (fort belle vue sur les deux versants). Puis le parcours change d'aspect, plus sauvage, plus boisé. On atteint la route Ronde au carrefour de Belle-Croix.

Laissant à droite la route Ronde et la route des Ligueurs, on descend sur la Vallée de la Solle en rejoignant le GR1 et en passant près de la maison forestière. En direction du sud-est : les rochers du Mont Ussy sont situés immédiatement au sud de la route de la Reine. Un excellent sentier Bleu en permet l'investigation et l'on peut également y faire de la varappe.

Rejoindre les routes ceinturant la ville, qui ont pour balise N. D. de Bon-Secours, au sud du Mont Ussy. La gare de Fontainebleau est proche.

Carte : n° 401, I.G.N., *Forêts de Fontainebleau et des Trois Pignons*.

4. AUTOUR DE FONTAINEBLEAU

DURÉE : 7 à 8 heures (sans varappe) ; 30 km.

TYPE : parcours en montagnes russes avec de brutales dénivellations lors de la traversée de certains massifs gréseux (nombreuses possibilités de s'adonner à la varappe).

CARACTÉRISTIQUES : cette longue randonnée sur le pourtour bellifontain exige un bon entraînement. La succession de môles rocheux est pratiquement continue.

• **Itinéraire** (croquis page 214)

ACCÈS : au départ de Paris, prendre à la gare de Lyon le train pour Fontainebleau-Avon ; retour par la même gare.
En quittant la gare, emprunter d'abord le sentier T.M.F. qui longe un moment la voie ferrée puis s'en écarte pour conduire au Rocher Cassepot. Au nord de la route de Valvins, prendre le sentier Bleu pour aller

admirer le panorama offert par la Tour Denecourt. C'est après avoir franchi la D 116 qu'on entre dans la partie la plus intéressante de ce massif, surtout si l'on prend le temps de suivre la route des points de vue qui prodigue les échappées sur la forêt. Le sentier Bleu descend sur la N 6, qu'on traverse pour aborder le Rocher Saint-Germain (sentier Bleu). Le parcours est ascendant et en corniche jusqu'aux abords de la Grotte aux Cristaux. Suivre la route ronde jusqu'à Belle-Croix et se diriger vers l'ouest pour effectuer la traversée d'une partie du Cuvier-Chatillon aux ruptures de pentes nombreuses et aux dédales multiples. Vue particulièrement belle depuis le Rempart, rejoindre le Bas-Cuvier et traverser la N 7 pour atteindre le carrefour de Clair-Bois, véritable antichambre de l'ensemble chaos-combes d'Apremont. Traverser le Désert et les platières. Après la route Sully, progresser en direction du carrefour de la Gorge aux Néfliers en passant par les Monts Girard. On arrive ensuite au carrefour des Cépées. Un sentier Bleu, orienté sud-est, permet ensuite d'aller admirer le gigantesque chêne Jupiter qui se dresse en zone plate et est entouré de beaux hêtres. L'idéal serait de zigzaguer au caprice de plusieurs routes forestières dans la zone de la Fosse à Râteau, où les frondaisons sont très belles. On atteint le Mont Fessas, dont un sentier court en balcon, qui offre des vues remarquables, notamment sur le Mont Aigu. Parcours accidenté, Mont Fessas, Mont Aigu, Long Boyau (orientation sud). On atteint soit le carrefour Thouin, soit le carrefour Dralet. On franchit une zone plate pour grimper ensuite sur le Rocher de la Salamandre et sur le Mont Enflammé. Emprunter la route de la Salamandre et franchir la N 451 pour aborder le Rocher du Mauvais Passage. De part et d'autre de la route des Dryades s'étend une zone très pittoresque : Mont aux Biques et Rocher des Demoiselles (suivre par exemple le GR13 mais le quitter bientôt pour rejoindre le carrefour des Soupirs). Au carrefour de Jemmapes, on traverse la D 63E pour longer le Rocher Fourceau. Le retour vers Fontainebleau s'effectue en suivant le GR11, qui affronte plusieurs massifs gréseux.

Carte : n° 401, I.G.N., *Forêts de Fontainebleau et des Trois Pignons.*

5. UNE SUCCESSION DE PETITES MONTAGNES

(de Moret-sur-Loing à Bourron-Marlotte)

DURÉE : 6 à 7 heures (sans varappe) ; 25 km.

TYPE : randonnée animée constamment d'éminences gréseuses et de dépressions, souvent à dénivellations rudes. La partie méridionale de ce parcours est riche en balcons et en labyrinthes.

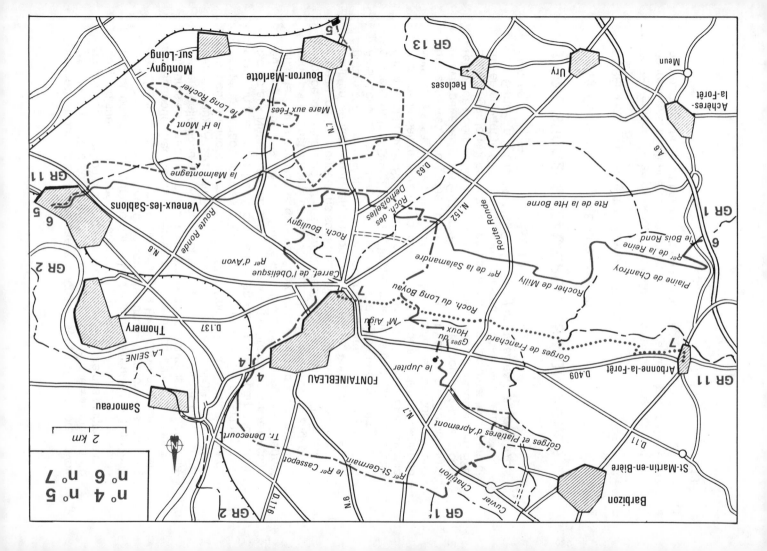

CARACTÉRISTIQUES : c'est une des plus belles randonnées en forêt de Fontainebleau, quelle que soit la saison mais surtout en automne. La visite de Moret mérite un détour, la cité acquise par Sully pour 18 000 écus (Fouquet y fut temporairement enfermé) présentant un charmant tableau égayé par les bords du Loing. Elle possède plusieurs monuments intéressants. La fin de cet itinéraire est particulièrement remarquable.

ACCÈS : au départ de Paris-Lyon pour le train pour Moret - Veneux-les-Sablons ; retour par Bourron-Marlotte avec changement à Moret.

La gare est à l'écart de Moret et le GR11 permet d'atteindre rapidement la forêt, dans laquelle on pénètre après avoir franchi la N 6. Après l'aqueduc, emprunter la route Zamet orientée vers le sud. Elle révèle un modeste massif rocheux, le Rocher Besnard, contourné par la route du Genévrier. Après avoir traversé successivement le GR11 et le Sentier du T.M.F., on aborde le groupe de la Malmontagne, éminence tabulaire sur la partie septentrionale de laquelle on progresse jusqu'à la route du Puits Fondu. En suivant celle-ci, on découvre une cavité qui est une curiosité géologique, « le gouffre », de près de 20 m de profondeur, dû à la dissolution du calcaire.

Emprunter la route du Haut-Mont, très « montagne », et, en bas du vallon, suivre un sentier orienté sud-est, qui permet d'aller voir une autre curiosité géologique, le Rocher du Carrosse, roche silico-calcaire sur laquelle on distingue très bien les boules de grès siliceux (ne pas escalader).

Suivre la route de l'Électeur jusqu'à son croisement avec la route du Haut-Mont (à suivre sur la gauche). A la cote 130,7 un chemin part vers l'ouest, permettant de prendre le très pittoresque sentier Bleu du Restant du Long Rocher (restant = extrémité), dont l'élément le plus intéressant est la grotte Béatrix. Le sentier fait une boucle et se rapproche de la Grande Vallée. Par la route de la Plaine Verte, atteindre la maison forestière, suivre la D 58 jusqu'à la rencontre du sentier Bleu et demeurer sur celui-ci, générateur de belles vues depuis le balcon du Rocher des Étroitures. Rejoindre au nord (traversée de la route du Long Rocher)le Rocher Boulin, et au carrefour du même nom, suivre le GR11 qui, orienté nord-ouest, permet de découvrir toute la poésie de la Gorge aux Loups. Plein nord pour atteindre la ligne carrefour d'Hippolyte - carrefour des Ventes Bourbon. La N 7 est atteinte et franchie, dans une zone sans rochers mais où certains hêtres sont remarquables.

On suit la route du Déluge pour arriver au carrefour des Érables. Par les routes des Érables, du Frévoir et de Villiers, on parvient au carrefour des Ventes Cumier. Le sentier du T.M.F. nous conduit à la naissance des Érables, du...

sance d'une des vallées les plus originales de la forêt, la vallée Jaubertou, où confluent plusieurs ravins.

En laissant le Rocher de Bourron à droite, on arrive près d'une scierie. La gare est à proximité.

Carte : n° 401, I.G.N., *Forêts de Fontainebleau et des Trois Pignons.*

6. LA FORÊT EN DIAGONALE

(de Bois-Rond à Moret-sur-Loing)

DURÉE : 5 heures (sans varappe) ; plus de 25 km.

TYPE : randonnée typiquement bleausarde, riche en passages accidentés, en défilés étroits entre les rochers, en coulées de sable qui constituent un excellent entraînement pour des vacances en montagne. Possibilités nombreuses de varappe.

CARACTÉRISTIQUES : c'est une des plus intéressantes randonnées qu'offre le massif forestier de la Bière, présentant une grande variété de sites, de groupes de rochers, de futaies. Certains lieux revêtent un haut caractère poétique. La fin du parcours, en futaie, se déroule dans le calme quasi absolu.

• **Itinéraire** (croquis page 214)

ACCÈS : Cars Verts, avenue Léon-Bollée, 75013 Paris (Porte d'Italie), se renseigner sur les horaires (tél. 428.04.90.), descendre à Bois-Rond (après Arbonne) ; retour par le train à Moret - Veneux-les-Sablons pour Paris-Lyon.

On quitte Bois-Rond en empruntant le sentier du T.M.F., et par le chemin du Bois-Rond on se rapproche des Drei Zinnen, vers lesquelles on grimpe. Elles ont été baptisées ainsi en raison de leur similitude d'aspect avec de célèbres montagnes dolomitiques. Il s'agit d'énormes blocs de grès qui se dressent au-dessus de la route d'Achères et de l'autoroute, à l'endroit où passe l'aqueduc. Dans cette « queue de vache » (une fin de promontoire), le balisage n'est pas toujours facile à suivre. On grimpe et on descend en balcon au-dessus de la lumineuse plaine de Chanfroy, qui n'est pas sans rappeler une grève à marée basse. Son nom caractérise un microclimat à tendance rigoureuse.

On sillonne le Rocher de la Reine (belles vues) et on aborde ensuite les platières de la Touche aux Mulets, empruntant le chemin des Pieds Pourris. L'origine de cette appellation, quoique controversée, présente des points communs. La plus spectaculaire ressortit à une rencontre de Limousins qui auraient tellement incommodé Louis XV par leurs effluves qu'il se serait écrié : « Mais ils ont les pieds pourris ! »

216

Un tronçon de la route de la Gibelotte permet d'accéder au carrefour du Sapin Rouge, qui délimite nettement deux types de paysages. Après le chemin de la Gibelotte, prendre la route Cévise pour atteindre le Rocher de Milly. Suivre vers l'est la route de la Louve puis, brièvement, la route Raymond afin de s'engager sur une des plus longues routes longitudinales de la forêt, la route d'Occident. On arrive au centre de la forêt, au Rocher de la Salamandre, dont Denecourt a fait une description hallucinante, version romancée (caverne introuvable notamment). Prendre ensuite la route du Rocher de Milly puis celle de la Salamandre pour aborder le Mont Enflammé qui doit son nom à un gigantesque sinistre. Dans cette zone, l'aqueduc de la Vanne est invisible, emprisonné dans un long souterrain.

La route de Valmy nous rapproche du Rocher des Demoiselles, qu'on visite à partir du carrefour de Vénus. Le sentier Bleu révèle des formes étranges, un rempart et de beaux points de vue. Ce rocher était appelé jadis Rocher des Punais, mais aussi Rocher des Putains... d'où les appellations galantes des lieux. Au carrefour du Rendez-vous, suivre la route de la Colombe à l'est, puis la route Hippolyte, qu'on quitte au carrefour de Mariotte pour s'engager brièvement sur la D 58. La route du Rapport puis celle du Chêne Feuillu conduisent à Veneux-les-Sablons et à Moret.

Carte : n° 401, I.G.N., *Forêts de Fontainebleau et des Trois Pignons.*

7. LA MONTAGNE A 60 KM DE LA CAPITALE

(d'Arbonne à Fontainebleau)

DURÉE : 6 heures environ pour la randonnée uniquement. Si on emprunte le parcours de montagne de Franchard ou si on varappe, durée nettement supérieure ; 20 km environ.

TYPE : c'est la randonnée bleausarde caractéristique, apte à dépayser le randonneur au point qu'il n'hésitera pas à plusieurs reprises à évoquer un décor de montagne. Dénivellations parfois rudes, étroites nombreuses, coulées de sable ou chemins cabossés, gorges sombres, sont le programme alléchant d'une sortie qui constitue un excellent entraînement pour des vacances en montagne.

• **Itinéraire** (croquis page 214)

ACCÈS : Cars Verts, rue Léon-Bollée, 75013 Paris (Porte d'Italie) ; se renseigner sur les horaires (tél. 428-04-90) ; retour par Fontainebleau-Avon pour Paris-Lyon.

A Arbonne, le plus simple est de suivre au début la D 409 (en direction de Fontainebleau) jusqu'à la rencontre du T.M.F. (la présence de propriétés aux clôtures intermittentes nous incite à déconseiller une entrée rapide dans la sylve depuis le village). Au carrefour de la Plaine de Macherin, emprunter la route de l'Isatis, qui nous met en contact avec un remarquable massif rocheux (escalade à niveaux divers). On rejoint ensuite, au sud, le GR11, qui se maintient sur les Hautes Plaines, au-dessus de la route des Gorges de Franchard (belle vue). Pénétrer dans le domaine appelé « La Cuisinière », emprunter la route du Renardeau jusqu'au carrefour du même nom puis traverser d'ouest en est le massif magnifique de Franchard, d'une diversité de paysages extraordinaire. Plusieurs possibilités sont d'ailleurs offertes, la plus exaltante étant fournie par le parcours « montagne » de Franchard. De toute façon, on dispose d'une liberté d'action entre la route de l'Ermitage au nord et celle des Gorges de Franchard au sud. Éviter cependant d'aller sur le rebord nord-oriental, trop fréquenté.

Le paysage change au-delà des gorges. C'est le merveilleux domaine des Gorges du Houx qui précède la butte rocheuse du Mont Aigu (varappe). Le sentier Bleu en hélice permet d'en dévoiler tous les attraits.

Le retour pour Fontainebleau peut être effectué sans recherche du chemin à suivre en empruntant le GR11, mais l'itinéraire de loin le plus attachant est en balcon, au nord du Mont Aigu, sur le Mont Fessas (très belles vues). Certains chemins évoquent la Provence. En suivant le sentier Bleu, on arrive en vue de la maison forestière de Fleury. GR et sentier Bleu confluent peu avant la Fourche, à l'entrée de la ville.

Carte : n° 401, I.G.N., *Forêts de Fontainebleau et des Trois Pignons.*

8. MOULINS, CHATEAU, LANDES, ROCHERS, FUTAIES

(de Courances à Bois-le-Roi)

DURÉE : 6 heures (sans pratique de la varappe) ; 24 km.

TYPE : facile au début, elle multiplie les dénivellations au-delà d'Arbonne, et la deuxième partie du parcours permet de confronter deux massifs gréseux très différents, celui d'Apremont et le Rocher du Cuvier-Chatillon. C'est pourtant une randonnée relativement facile car elle fait alterner des paysages et des reliefs nettement distincts.

CARACTÉRISTIQUES : le caractère agreste de la vallée de l'École ne permet pas d'imaginer l'imminence d'un plateau gréseux sauvage. Ce site du Coquibus est un de ceux qui dépaysent le plus à Fontainebleau avec ses grands pans de bruyère et sa piste de sable qui strie la platière.

Avec Arbonne, c'est la reprise de contact avec la campagne mais, à l'est de Macherin, la sylve reprend ses droits, cahoteuse à souhait dès la route des Ventes Geoffroy. Apremont, avec ses combes rocheuses, son désert, ses platières, interdit toute comparaison avec le fuseau tourmenté du Cuvier. La fin de la randonnée choisit la futaie. Une note de particulière élégance, le château de Courances et son merveilleux parc.

• Itinéraire (croquis page 220)

ACCÈS : Cars Verts, avenue Léon-Bollée, 75013 Paris (Porte d'Italie). Se renseigner sur les horaires (tél. 428-04-90) ; retour en train par la gare de Bois-le-Roi pour Paris-Lyon.

La visite de Courances et de son magnifique parc s'impose : beau château, douves, pièces d'eau, cascatelles, arbres imposants.

Le tracé du GR11 est, dans ces parages, trop judicieux pour que nous le délaissions. Il nous fait profiter notamment du spectacle d'eaux vives, de moulins, de cressonnières. C'est à la sortie de Moigny qu'on quitte la campagne pour le plateau gréseux, et toute la beauté sauvage du Coquibus se déploie dès qu'on se trouve sur la grande piste sableuse qui court entre les bruyères vers l'est. Emprunter le GR11 pour rejoindre la route d'Arbonne au voisinage de l'autoroute du Soleil.

Après l'église d'Arbonne, mettre le cap au nord en demeurant à l'écart de la forêt, dans la plaine de Macherin. La forêt est rejointe près de la maison forestière de Macherin et, tout de suite, le relief s'accuse. Prendre la pittoresque route des Ventes Geoffroy jusqu'au carrefour de Ferron. On arrive aux platières d'Apremont en empruntant les routes du Géant et de Milan. Un beau point de vue depuis les platières sur lesquelles se maintient le sentier Bleu au carrefour du Bas-Cuvier, admirant au passage le Rocher de la Merveille. Toute la partie à l'est de la Merveille est remarquable. Ne pas poursuivre (vers l'est) jusqu'à la route Ronde, passer par les carrefours du Vautrait et du Cabinet de Monseigneur afin d'entrer dans l'étonnant domaine des Longues Vallées qui, quoique dépourvues de rochers, sont très caractéristiques d'un type de paysage bellifontain. A partir du carrefour des Longues Vallées, plusieurs itinéraires permettent de rejoindre la gare de Bois-le-Roi (diverticule du GR1 ou route du Pavé de la Cave). Nous préférons le parcours avec l'emprunt de la route du Laisser Courre puis celle de l'Empaumure.

Carte : n° 401, I.G.N., *Forêts de Fontainebleau et des Trois Pignons*.

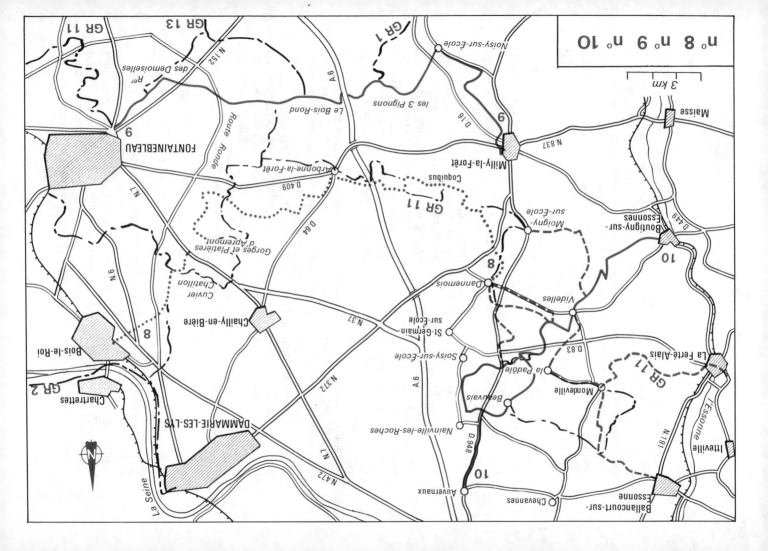

9. LA GRANDE TRAVERSÉE
(de Fontainebleau à Milly)

DURÉE : 7 heures (sans varappe) ; 30 km.

TYPE : un des fleurons de la randonnée bleausarde, elle exige un entraînement consommé car elle est prodigue de passages accidentés à chemins difficiles ou attaqués par l'érosion. Nombreuses possibilités de pratique de la varappe.

CARACTÉRISTIQUES : Ce qui frappe au cours de cette longue sortie sylvestre, c'est le changement constant de sites. Certains, au sud, sont à caractère incontestablement montagneux et le spectacle des hérissements rocheux et des coulées de sable depuis les crêtes septentrionales du cirque des Trois Pignons est inoubliable. L'image de l'alignement des « pignons » est d'ailleurs un classique de l'image touristique bleausarde.

• Itinéraire

ACCÈS : au départ de Paris-Lyon, prendre le train pour Fontainebleau-Avon ; retour à Milly par les Cars Verts (départ sur une petite place aux alentours de la vieille halle). Pour les horaires, téléphoner au 428-04-90.

Sortir de la ville au carrefour important de l'Obélisque et emprunter le très plaisant et non moins pratique GR13 jusqu'au carrefour du Bonheur, dans le massif des Demoiselles. Comme les randonneurs entraînés n'en sont pas à un petit supplément près, qu'ils suivent l'étonnant tracé du sentier Bleu apte à mettre en valeur le pittoresque accompli de ce massif. On peut finalement effectuer un circuit et repartir du carrefour du Bonheur en direction de l'ouest (route des Dryades) en longeant le rocher du Mauvais Passage, auquel succède le Rocher de la Combe. On parvient ainsi au carrefour d'Achères.

Une petite route orientée vers le nord-ouest nous conduit à la route de Trappe Charrette balisée par les carrefours du Sapin Blanc et du Sapin Rouge, ce dernier marquant une limite naturelle frappante : d'un côté, la futaie, de l'autre, la platière.

Ensuite, grâce à l'insertion du GR1 dans la Gorge aux Archers, nous découvrons un paysage sauvage et nous arrivons à Bois-Rond, sur la rive de la D 64. L'autoroute du Sud étant proche, deux solutions s'offrent pour la franchir par un passage souterrain : au nord-ouest, en empruntant la Canche aux Merciers (canche = petit vallon), ou au sud-est, où nous profitons des tracés du GR et du T.M.F. qui nous conduisent dans la Vallée Ronde. Le résultat esthétique est analogue : de la crête, on embrasse un magnifique cirque rocheux.

Dans cette zone fortement fréquentée et, partant, érodée, nous éviterons de conseiller un itinéraire déterminé, du moins jusqu'au pied des Trois Pignons, nettement reconnaissables. Les centres d'intérêt sont le Monument à la Résistance, la Vallée Close, les Gros Sablons, le 95,2, les sables du Cul de Chien, la Tortue, la Roche aux Sabots, le Diplodocus. Il est possible de partager ces découvertes en deux randonnées, celle qui relie Fontainebleau à Malesherbes passant en effet par la partie orientale du massif des Trois Pignons.

Une fois arrivé auprès des mamelons qui ont donné leur nom au massif, il suffit de rejoindre le cimetière de Noisy-sur-École puis, en direction de l'ouest, d'atteindre Milly en passant par le Carrouge, le Puits Rond, Auvers, le GR111 étant rattrapé à Auvers.

Carte : n° 401, I.G.N., *Forêts de Fontainebleau et des Trois Pignons.*

10. COCKTAIL D'ITINÉRAIRES

(dans le triangle Auvernaux - La Ferté-Alais - Boutigny)

DURÉE : Auvernaux-La Ferté-Alais : 5 heures ; 20 km. Auvernaux-Boutigny : 4 heures 1/2 ; 18 km. Nainville-les-Roches - Soisy-sur-École ou Dannemois : 4 heures ; 15 km environ (durée estimée sans pratique de la varappe).

TYPE : il s'agit de randonnées relativement courtes en raison des nombreux lieux d'escalade qui balisent chacun de ces parcours. Ce triangle géographique en question, marge du massif de Fontainebleau, conserve une partie des caractéristiques de ce dernier, les môles de grès jouxtant des bois ou des champs.

CARACTÉRISTIQUES : la distribution des villages d'accès et celle des terrains d'escalade permet d'envisager plusieurs itinéraires, tous très agréables et variés d'ailleurs. Le relief est accidenté par zones. On rencontre donc des cônes de grès ou de sable, des remparts, des platières, de profondes vallées sèches. En rejoignant La Ferté-Alais ou Boutigny, on prend contact avec l'Essonne *via* des plateaux de cultures.

• **Itinéraires** (croquis page 220)

ACCÈS : Cars Verts, avenue Léon-Bollée, 75013 Paris (Porte d'Italie). Se renseigner sur les horaires des lignes de Milly et de Videlles (tél. 428-04-90). On peut faire halte à Auvernaux ou à Nainville-les-Roches et reprendre le même car à Dannemois ou à Soisy-sur-École. Retour gare La Ferté-Alais ou Boutigny pour Paris-Lyon *via* Corbeil ou car Dannemois ou Soisy-sur-École.

- **Itinéraire Auvernaux - La-Ferté-Alais :** quitter le village par la D 948 puis entrer dans le bois du Cimetière pour grimper dans le massif gréseux de Beauvais (circuits d'escalade, fort belles vues). Descendre sur le village et, à sa sortie méridionale, prendre un chemin abrité par les bois qui le dominent. On atteint un autre lieu de varappe, la Padole (attention, les rochers sont sur le talus et non près du village). Sur le plateau, un chemin de terre conduit à Mondeville (varappe). Il suffit d'emprunter le GR11 pour atteindre La Ferté-Alais. On peut aussi choisir la variante qui, à partir de Mondeville et le signal et la ferme de Malvoisine, permet d'aller prendre le train à Ballancourt.

- **Itinéraire Auvernaux-Boutigny :** le parcours est identique à celui qui précède jusqu'à la Padole mais au lieu de grimper dans les bois, côté nord, il convient de remonter le long de la D83 et de prendre à gauche, à l'extrémité du virage, le deuxième chemin qui conduit aux Rochers de Videlles (varappe). On traverse ensuite Videlles afin d'emprunter un chemin de terre qui court sur le plateau et passe non loin de la ferme isolée de Launay. Il ne reste plus qu'à descendre sur Boutigny.

- **Itinéraire Auvernaux-Dannemois ou Soisy-sur-École :** au lieu de se diriger depuis les Rochers de Videlles vers le village, on part en sens inverse en suivant la tranquille D 90 (si on est pressé) ou bien on emprunte le GR11 qui court ainsi le long des bois. C'est à Dannemois que repose Claude François.

  Si on désire reprendre le car à Soisy, le chemin le plus logique est le GR11 en direction de Beauvais. Au Saut du Postillon, laisser les rochers sur la gauche, passer derrière le « Saut », le sentier menant respectivement au Tertre Noir (peu de vue) puis au remarquable Tertre Blanc, un cône de sable à pente rude (vue splendide). Soisy est en bas.
  Carte : I.G.N., au 1/50 000e, *Étampes.*

11. L'APOTHÉOSE DES CHAOS ROCHEUX

(de Fontainebleau à Nemours)

DURÉE : 7 heures (sans varappe) ; 30 km environ.

TYPE : peu de difficultés notables dans la forêt proprement dite mais relief bosselé sur la frange du golfe de Larchant et en fin de parcours. L'érosion, très vive dans les environs de Larchant, accentue le caractère chaotique de cette sortie qui peut fort bien se combiner avec la pratique de la varappe en plusieurs lieux.

CARACTÉRISTIQUES : ainsi que dans les grands spectacles, les vedettes apparaissent en seconde partie du programme ! Le contact avec les falaises gréseuses du golfe de Larchant fournit un tableau grandiose.

On pourrait d'ailleurs rappeler ce mot de Stendhal : « Une montagne de deux cents pieds de haut fait partie de la grande chaîne des Alpes. » Tels apparaissent le fameux monolithe de la Dame Jouanne et quelques géants de grès du côté de Larchant comme aux approches du Puiselet. Quant à Larchant, son caractère médiéval et, surtout, la silhouette impressionnante et désolée de son église, laissent une forte impression sur le visiteur.

● **Itinéraire** (croquis page 226)

ACCÈS : au départ de Paris, prendre à la gare de Lyon le train pour Fontainebleau-Avon ; au retour, train à la gare de Nemours, changement à Moret pour Paris. Il est également possible de recourir aux Cars Verts et de descendre à la Chapelle-la-Reine pour explorer plus profondément le golfe de Larchant.

Le départ s'effectue à l'Obélisque, avec l'usage du GR13, qui, sans recherche de l'itinéraire, nous permet, vu la distance à parcourir, de gagner du temps. Après le mont Morillon, livrons-nous à une investigation dans le massif du Rocher des Demoiselles à partir du carrefour de Vénus. Conseillons le parcours suivant : sentier Bleu, carrefours de la Beauté, du Rendez-Vous, des Soupirs, du Bonheur. Se diriger vers le sud (parcelles 156-165-164-176-175) pour franchir la D 63E et atteindre la route forestière de Fontainebleau à Recloses. A l'orée, on remarque des rochers colorés en raison de l'imprégnation du grès par l'oxyde de fer. Quelques grottes mais la carte n'en mentionne qu'une.

Le village de Recloses, situé dans une échancrure de la forêt, possède des places pittoresques. Son nom s'est écrit successivement : Requeloze, Arcloze, Ercloze, Recloze ! Vestiges de cimetière gallo-romain et témoignages de la Préhistoire.

Villiers-sous-Grez est atteint soit par la vallée Mavoisine et les Rochers de la Vignette, soit par la route jusqu'à la voie d'Ury puis par le GR13. Villiers apparaît comme une oasis dans le massif. On y cultive les asperges.

Pour franchir l'autoroute du Soleil, suivre le GR13 ou la route. On arrive à Busseau.

Commence l'admirable parcours dans le golfe de Larchant et ses franges gréseuses. La vertu majeure du GR13, c'est de fournir une synthèse des curiosités des lieux jusqu'à Larchant, mais on peut emprunter des routes très intimes, notamment dans le domaine de Blomont-les-Roches. L'essentiel, c'est de grimper sur la platière, d'aller au pied de Maunoury et de la Dame Jouanne, de prendre contact avec l'Éléphant puis d'aller fureter dans Larchant, ancienne ville fortifiée jadis prospère à cause de ses marchés et de son pèlerinage. Ce qui demeure de l'église martyre est admirable. Un remarquable point de vue sur le golfe est offert des bords de la ferme du Chapitre ; il n'est pas le seul, loin s'en faut.

224

◀31. Impressions du matin - "Mare à Piat". 32. "L'esprit du continent - *Apremont*.

32

Pour se rendre ensuite au Puiselet, on peut passer soit par le plateau, soit par le GR13, l'essentiel étant de rejoindre le Mont Sarrazin avant Puiselet, puis de s'insinuer dans le groupe de rochers, certains comparables en importance à ceux du groupe de la Dame Jouanne.

L'accès à la gare de Nemours est facile.

Carte : n° 401, I.G.N., *Forêts de Fontainebleau et des Trois Pignons.*

Consulter le topoguide du GR13 pour la partie Villiers-sous-Grez/Puiselet.

12. GRANDS ESPACES FORESTIERS ET CAMPAGNARDS

(de Fontainebleau à Malesherbes)

DURÉE : 6 heures (sans varappe) ; 30 km.

TYPE : parcours émaillé de quelques dénivellations rudes mais courtes. La seconde partie, à partir du Vaudoué, est nettement plus calme, dans un paysage découvert.

CARACTÉRISTIQUES : c'est une traversée qui ne se limite pas à la forêt mais aborde largement la campagne gâtinaise avant de retrouver des pans de paysages bleausards. La visite de la partie orientale du massif des Trois Pignons complète utilement la découverte de ce massif effectuée lors d'une randonnée précédente.

• **Itinéraire** (croquis page 226)

ACCÈS : au départ de Paris, prendre le train à la gare de Lyon pour Fontainebleau ; retour par Malesherbes pour Paris-Lyon via Corbeil.

Cette fois, nous quittons Fontainebleau en passant près de La Faisanderie de façon à rejoindre le beau balcon du Mont Fessas. Depuis ce balcon, cap au sud pour affronter le cône du Mont Aigu (varappe) puis traverser le massif voisin et dénudé du Long-Boyau. Au carrefour Thouin, nous empruntons la route Adam pour franchir la zone militaire et, en traversant la route d'Occident, nous abordons le massif de la Salamandre. Par la route du Griffon, nous visitons en diagonale le Mont Enflammé, passons ensuite par le Rocher de la Combe et, par la route Clémentine, parvenons au carrefour des Grands Feuillards. Au carrefour du Chêne aux Chapons, prenons la direction de l'ouest pour atteindre le carrefour des Platières. La route du même nom nous permet de rencontrer le sentier du T.M.F. et de passer sous l'autoroute. Nous abordons le massif des Trois Pignons par sa partie orientale et nous nous dirigeons vers le Vaudoué, soit par la vallée de la Mée, soit en affrontant les hérissements successifs à l'est de la Mée.

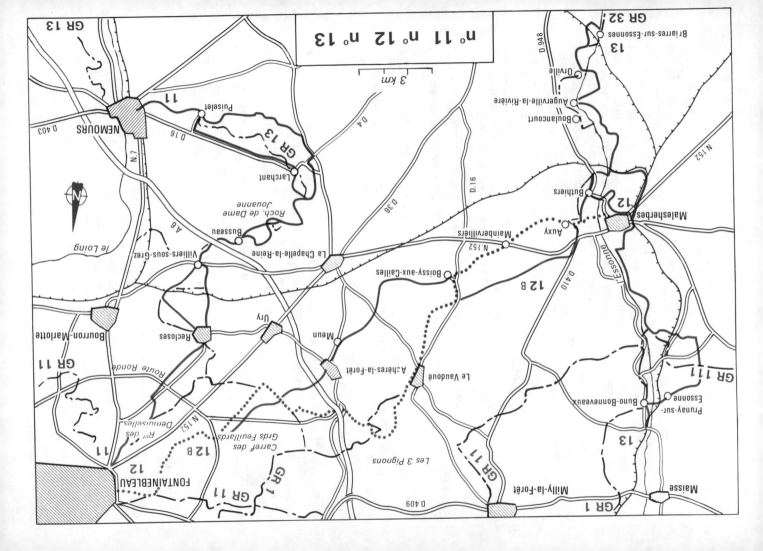

13. LA HAUTE ESSONNE

(de Briares-sur-Essonne à Buno-Gironville)

DURÉE : 6 heures ; plus de 25 km.

TYPE : le terrain n'offre aucune difficulté particulière. C'est seulement à Malesherbes et aux alentours immédiats qu'on est réellement en présence de rochers, certains d'ailleurs d'aspect imposant. On peut donc pratiquer la varappe à mi-chemin.

CARACTÉRISTIQUES : la haute vallée de l'Essonne présente un caractère agreste tout à fait inattendu, très dépaysant. On a l'impression d'être très loin de la capitale, impression qui ne s'efface qu'à la fin de la randonnée présentée. Indépendamment du charme de la rivière qui parfois se mue en torrent sous l'action de biefs ou au contraire forme des retenues, on découvre des moulins, des châteaux, des points de vue magnifiques sur la vallée depuis quelque promontoire. Le parcours est d'un intérêt constant.

● **Itinéraire**

ACCÈS : au départ de Paris-Lyon, prendre le train pour Malesherbes puis le car jusqu'à Briares-sur-Essonne ; retour par la halte de Buno-Gironville pour Paris-Lyon via Corbeil.

Il faut s'attarder dans Briares, un village souriant qui non seulement possède une église intéressante, mais aussi un moulin qui a conservé sa grande roue et son appareil d'engrenage. On peut quitter Briares en dominant la rive gauche de la rivière gâtinaise ou en passant au

A partir du plaisant village du Vaudoué, c'est le tracé du GR1 qui nous semble le plus logique, ponctué de bois des deux côtés de la vallée de Boissy. Ce village de Boissy-aux-Cailles (cailles = extraction de pierres) est très isolé et très pittoresque, réminiscence du paysage bleausard en plein plateau de cultures. (Il est possible, sans traverser le Vaudoué, à partir du carrefour du Chêne aux Chapons, de passer par Achères.)

On se rapproche de Malesherbes soit en continuant sur le GR1, soit en empruntant la vallée Poirette ou en passant par Mainbervilliers. On rejoint soit Auxy, soit Buthiers, dont l'église est joliment campée, puis on prend contact avec la vallée de l'Essonne, agrémentée de magnifiques frondaisons et de beaux rochers. Ne pas manquer d'aller voir le château de Malesherbes, qui permet d'évoquer les figures de Henri IV, de Lamoignon et surtout de l'infortuné défenseur du dernier roi capétien.

Cartes : n° 401, I.G.N., *Forêts de Fontainebleau et des Trois Pignons* ; I.G.N. au 1/50.000e, *Malesherbes*.

227

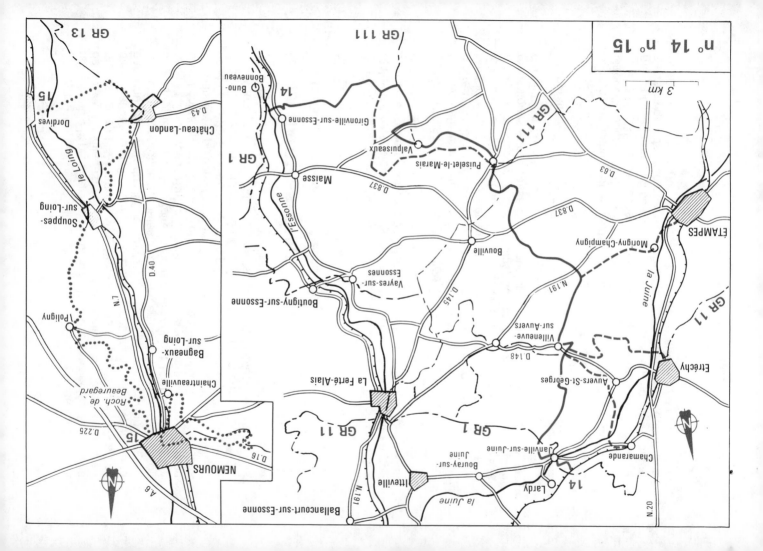

lieu-dit « Le Pont » de façon à rejoindre le hameau de Busseau (GR). Le GR s'écarte temporairement de l'Essonne ; quand on la retrouve, elle est dotée d'un autre moulin à Orville, entouré de fort belles prairies. Le village suivant, Augerville, révèle un élégant château du XVIe siècle qui s'est substitué à un manoir ayant appartenu à l'argentier de Charles VII, le célèbre Jacques Cœur (pas de visite, mais on le voit fort bien). Dans cette région, les créateurs du GR ont éprouvé des difficultés (en raison du terrain et des propriétés) à baliser avec netteté le parcours. Au-dessus des prés, on domine la rive gauche en évitant Boulancourt. Jusqu'à Trézan on découvre des moulins, dont le moulin Foulon. Quelques gros blocs de grès sont comme une réminiscence de l'univers bleausard. Encore des balbutiements de parcours. A noter que l'infortuné Malesherbes, avocat de Louis Capet, avait une résidence à Trézan.

Passant sur la rive droite, on découvre une belle pinède et un moulin. Voici Buthiers, où s'anime une base de loisirs et dont l'église, pleine de pittoresque, domine la vallée. Des rochers, des grottes, la proximité de Malesherbes. Pour atteindre la cité, il est conseillé de suivre le GR mais nous irons visiter le château, qui a reçu des hôtes illustres. Quant au nom de la ville, il est dû à la présence d'un véritable marais le long de l'Essonne, prisé par les botanistes : Mâles herbes !

Pour sortir de Malesherbes, on est gêné par de nouvelles constructions sur le rebord du plateau en direction de Rouville. On parvient à l'endroit où se dresse un château, doté de tours, qui, de son plateau, domine magnifiquement la vallée. La descente est admirable vers l'Essonne. On aperçoit d'ailleurs le groupe de rochers de Nanteau précédé par une zone imprécise. On arrive au charmant hameau de Touvaux, un tableau idyllique : rivière ombragée, passerelle, miroir d'eau et maisons s'y mirant, petite cascatelle.

D'autres moulins entre Argeville et Buno, et davantage aussi de résidences secondaires. Plutôt que de demeurer dans la vallée, contournons la butte Châtillon et, en traversant Boigneville (dont le vallon de la Veluette est délicieux), abordons le plateau. On passe à la cote 118 et on redescend pour aller chercher le train de l'autre côté de l'Essonne.

Cartes : I.G.N., au 1/50 000e, *Pithiviers*, *Malesherbes*.

14. DE L'ESSONNE A LA JUINE

(de Buno-Gironville à Lardy)

DURÉE : 7 heures (sans varappe) ; près de 30 km pour Lardy.

TYPE : ce n'est plus la randonnée typiquement bleausarde, les massifs rocheux étant rares et très espacés et les dénivellations importantes très limitées. La dominante, c'est le plateau, souvent coupé de bois, ce qui évite la monotonie. On peut varapper à Villeneuve-sur-Auvers et à Chamarande.

CARACTÉRISTIQUES : cette longue randonnée, de rivière à rivière, n'évoque que lointainement celles qui s'inscrivent dans le massif ou dans sa périphérie immédiate. Pourtant, chaos de grès et abondance des résineux perpétuent en partie soit un paysage, soit une luminosité, ou une ambiance qui nous étaient devenus familiers. En dépit de la longueur de la sortie et de l'importance des cultures, on rencontre peu de villages. Quelques vues très vastes.

● **Itinéraire** (croquis page 228)

ACCÈS : au départ de Paris-Lyon, prendre le train pour Buno-Gironville (ligne Paris-Corbeil-Malesherbes) ; retour par Lardy, Chamarande ou Étrechy-Étampes, ligne C du R.E.R.

En quittant la halte de Buno-Gironville, on s'éloigne perpendiculairement de la vallée de l'Essonne et, la route de Malesherbes traversée, on grimpe sur le plateau, ayant en vue la ferme de Danjouan, près de laquelle on passe. On contourne les « grandes pièces » pour atteindre la très originale vallée de Josaphat, dont Jean Loiseau, « le Père des Sentiers », nous signalait l'intérêt géologique, puisqu'il s'agit de l'action érosive des eaux par le lac de Beauce. Quant à l'origine de son appellation, Loiseau inclinait à rapprocher l'existence d'un ermite dans cette vallée avec celle d'un paysage biblique !

On descend entre des langues de bois (remarquer dans toute cette zone la fréquence des genévriers) et on arrive aux alentours de Valpuiseaux, village-rue qu'on peut en partie éviter par un détour à l'est. On arrive ainsi à « la rue Chaude ». Une variante consiste à suivre une piste parallèle à la ligne de haute tension puis à rejoindre le village par les Vaux Gauthier.

A partir de Valpuiseaux, deux itinéraires proches sont possibles : emprunt du GR111 conduisant au village de Puiselet-le-Marais, blotti au creux d'une vallée sèche, ou parcours parallèle mais un peu plus au nord.

On grimpe ensuite jusqu'à une couronne de bois et, dans cette partie sauvage du plateau, on trouve un chemin qui permet de descendre sur le Grand Bouville. En montant sur le plateau adverse en direction du Mesnil-Racoin, on aperçoit sur la gauche un chemin de terre orienté nord-ouest qui permet d'aller jusqu'au rebord du plateau, où Villeneuve-sur-Auvers s'aligne au-dessus d'un ravin. On aperçoit de loin l'église (se méfier dans cette partie du plateau de la disparition de chemins, soit par remembrement soit par labours). Toute cette partie évoque les pages de Zola sur la Beauce : « îlots de terre au milieu d'un océan de blé ».

Face à Villeneuve, de l'autre côté de la route, un cône rocheux se dresse, qui supporte un petit plateau (varappe). A son extrémité, on domine l'isthme dans lequel la Juine s'est insinuée entre deux bancs de grès. Très belle vue. On peut également découvrir des signes rupestres au creux d'un rocher, juste au-dessus du tournant que dessine la route en bas du village.

On a dès lors le choix entre le GR qui conduit à Étréchy ou entre un chemin de terre qui traverse un nouveau plateau au nord de Villeneuve et passe par les fermes de la Grange-des-Bois et de Pocancy. Il ne reste plus qu'à dévaler sur Janville puis à remonter sur Lardy.

Deux autres solutions sont possibles. Par un chemin à droite de la route d'Auvers, on peut atteindre Chamarande, où il est possible, au-dessus de la voie ferrée, de varapper. Ou bien, par souci de raccourcir la randonnée, on peut, depuis la Grange-des-Noyers, atteindre Morigny puis Étampes.

Cartes : I.G.N., au 1/50 000e, *Pithiviers, Malesherbes, Corbeil-Essonnes.*

15. VERS LES PAYS DE LA LOIRE

(de Nemours à Dordives)

DURÉE : Nemours-Souppes : 5 heures ; 18 km. Nemours-Dordives : 8 heures ; 35 km.

TYPE : bien que ce choix de randonnées déborde le cadre du massif de Fontainebleau, on retrouve au voisinage immédiat de Nemours une véritable concentration d'éléments typiques de l'univers bleausard : platières, môles gréseux, dédales, coulées de sable, vallées sèches, landes de bruyère. La randonnée n'est donc pas facile, loin s'en faut. La pratique de la varappe est possible en plusieurs endroits. Pour les randonneurs entraînés, nous avons prévu un prolongement dans la vallée du Loing.

CARACTÉRISTIQUES : il s'agit d'une randonnée assez complexe : au départ, on a l'impression d'être encore dans le massif forestier de Fontainebleau, mais, au-delà des friches de Poligny, la dominante est la vallée gâtinaise du Loing, qui présente déjà une luminosité préfigurant celle des pays de la Loire. Le paysage change totalement.

• **Itinéraire** (croquis page 228)

ACCÈS : au départ, prendre à la gare de Paris-Lyon le train pour Nemours, changement à Moret ; retour par Souppes ou Dordives, changement à Moret.

I. Nous avons d'abord choisi un itinéraire qui est en quelque sorte une reconnaissance de lieux entrevus lors de la randonnée précédente. Visitant d'abord la cité de Nemours, dont l'intérêt ne réside pas uniquement dans les tableaux présentés par le Loing mais par la présence de vieilles maisons et de vieilles rues, d'une église à magnifique vitrail, d'un moulin, d'un château-musée et d'un superbe musée de la Préhistoire, on retournera jusqu'à Puiselet en frôlant le Petit Mont-Blanc, puis, à partir du Puiselet, on ira rejoindre l'intéressant parc du Rocher Gréaux, où l'on peut faire de la varappe, et on poussera jusqu'à Chaintreauville qui est également un lieu où l'on peut varapper. Retour à Nemours.

II. La progression vers les Pays de la Loire démarre en direction du sud-est, et, si nous suivons les balises du GR13, c'est parce que son tracé résume toutes les caractéristiques de cette zone bleausarde, le GR ayant su en effet tirer le meilleur parti des anomalies du terrain. Nous passerons donc par le Mont d'Olivet, avec son point de vue et ses roches feuilletées, par le Rocher de Sens, par un dédale emphatique-ment baptisé « défilé des Thermopyles », par le Rocher Soulès, par la belle vallée sèche du Cassepot, par les Gros Monts, après quoi nous prendrons le chemin des Friches de Poligny en regrettant toutefois que le site ait perdu son ancienne rudesse. Toute cette partie, Victor Hugo l'a d'ailleurs curieusement résumée : « Nemours n'est pas dans la mon-tagne mais il a des collines, des ravins... Nemours n'est pas dans la forêt mais il a des arbres. »

Poligny marque une frontière de paysages. On se dirige vers le sud-ouest pour rejoindre le Loing à Souppes, terme d'une randonnée moyenne. Les randonneurs chevronnés pourront monter jusqu'à l'ancienne place forte, Château-Landon, qu'on a pompeusement baptisé « le Rocamadour du Gâtinais »... On y voit un chemin de ronde, des rues étroites, de vieux hôtels, de vénérables portes, une église originale, une autre, archaïque. De l'éperon, on domine plusieurs vallons.

Descente sans difficultés d'itinéraire jusqu'à la coquette Dordives, où le Loing apparaît paisible et s'enrobe d'un délicat décor.

Cartes : au 1/50 000ᵉ, de l'I.G.N., *Fontainebleau, Château-Landon, Forêt de l'Est de l'Ile-de-France* ; consulter l'excellent topoguide de la Fédération Nationale de la Randonnée Pédestre « Sentiers de Petite Randonnée », *Circuits de Nemours et de Château-Landon*.

INFORMATIONS PRATIQUES

NUMÉROS DE TÉLÉPHONE ET ADRESSES UTILES

En cas d'accident :

Police-Secours	Tél.	17
Sapeurs-Pompiers	Tél.	18
Gendarmerie de Fontainebleau	Tél. (6)	422.24.88
S.M.U.R. de Fontainebleau	Tél. (6)	422.66.33
S.A.M.U. de Melun	Tél. (6)	437.10.11
S.M.U.R. de Nemours	Tél. (6)	428.20.54
Centre de secours de l'O.N.F.	Tél. (6)	422.27.36

En cas d'incendie :

PC incendie O.N.F.	Tél. (6)	422.27.36
Sapeurs-Pompiers	Tél.	18

Adresses :

Office National des Forêts (O.N.F.), centre de Fontainebleau, 217 bis, rue Grande, 77300 Fontainebleau. Tél. (6) 422.20.45.

Office National des Forêts (O.N.F.), centre de Créteil, Immeuble A.G.F., 9-11, rue Thomas-Édison, 94025 Créteil. Tél. (6) 377.12.57.

Comité de Défense des Sites et Rochers d'Escalade (CO.SI.ROC.), 7, rue La Boétie, 75008 Paris.

Fédération Française de la Montagne (F.F.M.), 20 bis, rue La Boétie, Paris 75008. Tél. (1) 742.39.80.

Fédération Française de Randonnée Pédestre (F.F.R.P.), 92, rue de Clignancourt, 75883 Paris Cedex 18. Tél. (1) 259.60.40.

Délégation régionale de l'Ile-de-France, F.F.R.P., 54, rue de Gergovie, 75014 Paris. Tél. (1) 545.31.02.

N.B. Une liste des clubs et associations est à votre disposition au siège des fédérations. Ces groupes possèdent pour vous accueillir, vous former, vous perfectionner à la randonnée ou aux techniques du rocher, des structures adaptées.

HÉBERGEMENT

Camping :
Le terrain du Petit-Barbeau est le seul terrain aménagé en forêt domaniale, il est géré par

la Fédération Française de Camping et de Caravaning (F.F.C.C.). Il est payant.
Renseignements : Camping du Petit-Barbeau, 77920 Samois-sur-Seine. Tél. (6) 424.63.45.
De nombreux terrains de campings municipaux ou privés existent dans les villes et villages proches.
Renseignements : F.F.C.C., 74, rue de Rivoli, 75004 Paris. Tél. (1) 272.84.08.

Bivouacs :

Ils peuvent être autorisés aux abords des maisons forestières suivantes : de la Grande-Vallée (nord de Bourron-Marlotte) *, de la Croix-de-Saint-Hérem, des Barnolets, de Bois-le-Roi *, de la Solle, des Huit-Routes, du Bas-Bréau, de Franchard. Aire de bivouac à proximité du Diplodocus dans la forêt domaniale des Trois-Pignons.

L'autorisation est subordonnée à la présentation :

— soit d'une carte, membre de l'une des associations agréées par l'O.N.F. et ayant souscrit une assurance pour leurs membres,

— soit une attestation d'assurance responsabilité civile camping conforme à la réglementation.

Ils sont gratuits.

Renseignements : O.N.F., 217 bis, rue Grande, 77300 Fontainebleau.
* Point d'eau potable.

Les points d'eau sont pratiquement inexistants en forêt sauf dans le massif des Trois Pignons où des pompes à bras ont été installées (*L'EAU N'EST PAS POTABLE*).

Hébergements collectifs

AUBERGES DE JEUNESSE :
39, rue Grande-Recloses, 77116 Ury.
Renseignements : M. Thielmann, 13, rue Philippe-Auguste, 75012 Paris.

Villiers-sous-Grez (isolée au sud du rocher Saint-Étienne).
Renseignements : M. Certain, 31, rue de Nemours, 77143 Villiers-sous-Grez.

Renseignements sur les auberges :
F.U.A.J., 6, rue Mesnil, 75116 Paris. Tél. (1) 261.84.03.

Refuge de la Ferme-du-Coquibus (concession O.N.F. aux « Amis de la Nature »).
Renseignements : M. Magnin, 34, rue Montcalm, 75018 Paris.
Amis de la Nature, 96, rue Championnet, 75018 Paris. Tél. (1) 606.12.72.

Refuge de la mère-Canard.
Renseignements : base de Plein-air et de loisirs de Buthiers, 77760 La Chapelle-la-Reine.
Tél. (6) 424.12.87.

Base de Plein-air de Bois-le-Roi.
Renseignements : rue de Tournezy, 77590 Bois-le-Roi. Tél. (6) 069.60.06.

Chamarande :
Groupe de Chamarande, Domaine de Chamarande, 91730 Chamarande. Tél. (6) 491.24.72.

Hôtels

De nombreuses catégories d'hôtels peuvent vous accueillir :
Renseignements : Comité régional du tourisme et des loisirs d'Île-de-France, 101, rue de Vaugirard, 75006 Paris. Tél. (1) 222.74.43.

Comités départementaux de tourisme :
Seine-et-Marne : Maison du tourisme, 2, avenue Galliéni, 77000 Melun. Tél. (6) 437.19.36.

Essonne : 4, rue de l'Arche, 91100 Corbeille-Essonnes. Tél. (6) 089.31.32.

CARTOGRAPHIE :

La carte « Forêts de Fontainebleau et des Trois-Pignons » n° 401 au 1/25 000 est éditée conjointement par l'I.G.N. et l'O.N.F. et le concours des associations intéressées.

Cartes des massifs gréseux au 1/25 000 (I.G.N.) :

Corbeil-Essonnes ouest :	La Troche	n° 1
Étampes ouest :	Chamarande	n° 2
	Villeneuve-sur-Auvers	n° 3
	Sanglier	n° 4
	Rocher-Mignot	n° 4
	Le Pendu	n° 9
Étampes-est :	Mondeville	n° 4
	Beauvais	n° 5
	La Padôle	n° 6
	Videlles - Les Roches	n° 7
Malesherbes-est :	Malesherbes-Buthiers	n° 8
Château-Landon-est :	Glandelles	n° 24
		n° 30

Une lecture attentive de la légende et des renseignements permet de découvrir des détails et des curiosités insoupçonnés. Pour s'orienter en forêt domaniale, les numéros des parcelles figurent sur la carte et se retrouvent en chiffres blancs sur fond noir aux principaux carrefours.

Les cartes au 1/100 000, série verte (I.G.N.), 20 et 21 permettent d'avoir une vue d'ensemble sur les routes, les chemins, les GR et les gares S.N.C.F.

ÉLÉMENTS BIBLIOGRAPHIQUES

Ouvrages fondamentaux

J. LOISEAU, Éditions Vigot (1970), Le Massif de Fontainebleau ;
tome 1 : Géographie - Histoire - Généralités.
tome 2 : Itinéraires - Tourisme.

M. MARTIN, groupes d'escalades de Fontainebleau. C.A.F. section de Paris (1950 à 1955).

Guide de Bleau, topo-guide des groupes de rochers d'escalade. 1re édition (1955), 2e édition (1966), F.S.G.T., G.U.M.S.

Guides

Guides des sentiers de promenades du Massif de Fontainebleau édité par les Amis de la forêt, 4e édition (1982).

Topo-Guides des sentiers de grande randonnée, GR 1, GR 2, GR 11, GR 13, etc. et PR (petites randonnées), édités par la Fédération Française de la Randonnée Pédestre.

R. ALLEAU, Guide de Fontainebleau mystérieux, les guides noirs, Éditions Tchou-Princesse (1977).

Guides géologiques régionaux :
Ph. DIFFRE et Ch. POMEROL, Paris et environs, Masson (1979).
Ch. POMEROL et L. FEUGEUR, bassin de Paris - Ile-de-France, Masson (1974).

Revues

Bulletin de l'Association des amis de la forêt de Fontainebleau, 38, rue Grande, 77300 Fontainebleau.

Bulletin de la section de Paris du Club Alpin Français, en particulier les articles de G. KOGAN (n° 35, décembre 1953), de M. RENAUDIE (Paris-Chamonix n° 25, janvier 1978) et P. BONTEMPS (Paris-Chamonix n° 23, juillet 1977).

La Montagne et alpinisme, revue du Club Alpin Français. En particulier le bulletin Alpin (septembre 1878), les articles de R. TRUFFAUT (n° 4 - 1977, pages 198/201) et de FRISON-ROCHE (1933, page 348).

Bulletins de l'Association des naturalistes de la vallée du Loing et du massif de Fontainebleau, 21, rue Le-Primatice, 77300 Fontainebleau.

Bulletins du groupe d'études, de recherches et de sauvegarde de l'art rupestre (Gersar), mairie, 91490 Milly-la-Forêt.

Ouvrages généraux et récits

G. CASELLA, l'Alpinisme, Éditions Slatkine (1980), réimpression de l'édition de Paris, 1913.

MARIUS COTE-COLISSON, La randonnée pédestre, Éditions P.U.F. Que sais-je ? (1979) Paris.

P. DOMET, Histoire de la forêt de Fontainebleau, Laffitte-Reprints (1979), réimpression de l'édition de Paris, 1873.

M.T. DE FORGES, Barbizon, et l'école de Barbizon, Éditions Lieu-dit/Le Temps (1971).

F. HERBERT, Dictionnaire historique et artistique de la forêt de Fontainebleau, Éditions Culture et Civilisation, Bruxelles (1977), réimpression de l'édition de 1903.

B. KALAORA, Le Musée vert ou le tourisme en forêt, Éditions Anthropos (1981), Paris.

Fontainebleau : châteaux, forêts et paysages en Seine-et-Marne, Éditions Le Temps (1978), Paris.

R. DESMAISON, La Montagne à mains nues, Éditions Flammarion (1971), Paris.

Le Bleausard, collection de M. MARTIN et du C.A.F.

R. PARAGOT et L. BERARDINI, Vingt ans de cordée, Éditions Flammarion (1974), Paris.

Topo Cuvier, éditions du CO.SI.ROC. 1978.

Recommandation pour l'entretien des circuits d'escalades — Éditions du CO.SI.ROC. 1982

TABLE DES MATIÈRES

Achevé d'imprimer le 30 septembre 1982
sur les presses de l'imprimerie Offset-Aubin à Poitiers (86).
Photocomposition par Nord-Compo à Villeneuve-d'Ascq (59).
Brochage par la S.P.B.R. à Chevilly-Larue (94)

N° d'édition 1640 - N° d'impression P11009
Dépôt légal : Novembre 1982
Imprimé en France